山东省体育局《山东省居民体育消费发展指数报告》项目成果

山东省体育消费市场提质扩容的实现路径研究

刘远祥　孙冰川　著

山东大学出版社
SHANDONG UNIVERSITY PRESS
·济南·

图书在版编目(CIP)数据

山东省体育消费市场提质扩容的实现路径研究/刘远祥，孙冰川著.—济南：山东大学出版社，2024.5
ISBN 978-7-5607-8235-5

Ⅰ.①山… Ⅱ.①刘… ②孙… Ⅲ.①体育产业—消费市场—研究—山东 Ⅳ.①G812.752

中国国家版本馆 CIP 数据核字(2024)第 096394 号

责任编辑 武迎新
封面设计 王秋忆

山东省体育消费市场提质扩容的实现路径研究
SHANDONGSHENG TIYU XIAOFEI SHICHANG TIZHI KUORONG DE SHIXIAN LUJING YANJIU

出版发行 山东大学出版社
社　　址 山东省济南市山大南路 20 号
邮政编码 250100
发行热线 (0531)88363008
经　　销 新华书店
印　　刷 山东星海彩印有限公司
规　　格 720 毫米×1000 毫米 1/16
　　　　 10.5 印张 154 千字
版　　次 2024 年 5 月第 1 版
印　　次 2024 年 5 月第 1 次印刷
定　　价 50.00 元

目　录

绪 论

党的二十大报告强调要“增强消费对经济发展的基础性作用”①。中央经济工作会议要求,要把恢复和扩大消费摆在优先位置。增强消费能力,改善消费条件,创新消费场景。体育消费是绿色消费、健康消费,与旅游、文化、健康、养老、教育培训一起被列为六大消费领域,正成为助推各个领域居民消费升级的关键着力点。

随着人们生活水平的提高和健康意识的增强,体育消费已经成为人们日常生活中不可或缺的一部分,有巨大的发展空间和潜力,在扩大内需、促进消费、带动就业、畅通“双循环”、促进境外消费回流和提高人们的生活质量等方面发挥着重要作用。国家体育总局《“十四五”体育发展规划》提出“十四五”期间居民体育消费总规模超过 2.8 万亿元的发展目标,并从提升体育产品与服务多元供给质量、培育居民体育消费习惯、深化体育消费试点、完善体育消费政策等方面提出具体举措,为我国体育消费提质升级提供了重要指引方向。②

近年来,山东省把加快发展体育产业、促进体育消费作为重要工作任

① 习近平:《高举中国特色社会主义伟大旗帜　为全面建设社会主义现代化国家而团结奋斗——在中国共产党第二十次全国代表大会上的报告(2022 年 10 月 16 日)》,人民出版社 2022 年版,第 29 页。

② 参见《体育总局关于印发〈“十四五”体育发展规划〉的通知》,https://www.sport.gov.cn/n315/n330/c23655706/content.html。

务，从供需双侧发力，通过研制促进体育消费的政策、搭建体育产业发展平台、培育体育市场主体、丰富体育产品服务供给、设立体育消费试点县等工作，不断促进全省体育消费提质扩容。山东省城乡居民体育消费呈现出以下发展特点。

1. 体育消费基础不断夯实。2022 年，山东省居民人均可支配收入 37560 元，居民人均消费支出 22640 元。① 体育设施不断完善升级，共有体育场地 24.57 万个，全国排名第五；人均场地面积 2.58 平方米，高于全国 1.86 平方米的平均水平，全国排名第四。“经常参加体育锻炼人数”占总人口比例为 40.5%，超过全国平均 37.2%的发展水平。全省体育市场主体突破 4.3 万家，占全国体育产业法人单位数 45.2 万家的 9.51%，体育产业法人单位数量居全国第 2 位。“十三五”以来，全省体育产业增加值增速远远高于同期全省 GDP 的发展增速。

2. 体育消费规模持续扩大。2022 年，全省居民体育消费支出为 2164 元，较 2021 年增长 3.5%，体育消费支出占人均可支配收入的 5.8%。按照 2022 年山东省常住居民 1.02 亿的规模测算，全省体育消费规模达到 2207 亿元，较 2021 年增长 3.53%。全省体育消费规模占全国 1.5 万亿元体育消费规模的 14.7%，高于全省体育产业规模在全国体育产业规模中的占比。

3. 体育消费结构日趋优化。2022 年，山东省城乡居民人均体育消费支出为 2164 元，其中实物型、服务型、博弈型体育消费支出分别为 960.5 元、1006.5 元和 197 元，占体育消费总支出比例分别为 44%、47%和 9%。2022 年服务型体育消费支出，较 2021 年增长 1.2%。

4. 智能体育消费增长迅速。2022 年，近 20%的调查对象进行过智能体育产品消费，全省居民智能体育装备和互联网健身 App 的人均消费支出分别为 141 元和 4.4 元，呈现出快速增长的发展态势。

5. 体育消费升级趋势明显。体育消费升级指的是消费者对于体育

---

① 参见《2022 年山东省国民经济和社会发展统计公报》，山东省人民政府网，http://www.shandong.gov.cn/art/2023/3/2/art_305196_10335931.html? eqid=aa6d98460004997e00000004645b093b。

产品和服务的需求，从“物质型”转向更高品质、更具个性化、更有体验感的“品质型”，主要表现为体育消费水平升级、体育消费方式升级与消费主体升级三个方面。体育消费水平升级主要指消费者的消费对象更加多元化，更加追求品质，出现了新的消费热点。体育消费方式升级主要指消费者在传统线下消费的基础上增加了消费场景、线上消费等形式。2022年，56.6％的山东省居民采用“线上＋线下”相结合的方式进行体育消费，这成为城乡居民体育消费的主要方式和重要渠道。体育消费主体升级指消费者群体扩大以及下沉，消费者需求得到满足。调研发现，体育消费主体涵盖了各年龄段人群，覆盖了城乡各职业、各学历人群。

6. 体育教育培训项目日渐多样。2022年，全省居民人均体育教育培训消费支出为226.5元，较2021年的195元，增长了16.2％。培训项目选择日趋多元，此次调研发现，居民参与体育教育培训的项目共涉及22个大项，排在前三位的是羽毛球、游泳、篮球，而跆拳道、滑冰、空手道排在后三位。

7. 体育消费细分市场快速发展。青少年、女性群体、老年群体逐渐成为我国体育消费市场的主力军。女性群体独立自主意识及关注自身健康状态，并认可体育运动是保障自身身体机能正常运转途径的意识在不断提升；青少年群体逐渐养成热爱体育运动的习惯，并掌握运动技能，经常参加体育锻炼；老龄化社会加速演进，老年体育基础设施不断完善，参与体育锻炼的老年群体持续增加。

8. 未来一年体育消费意愿强烈。关于未来一年愿意在体育方面的消费支出，根据调查，有28.8％的居民愿意支出1000～3000元，25.68％的居民愿意支出3000～5000元，两者占全部调查对象的55.48％。

近年来，尽管山东省体育消费市场取得长足发展，但是体育消费有效需求不足、供给侧与需求侧之间不平衡、发展不充分不平衡的现象仍然存在。相较人们多元化、个性化的体育消费需求，山东省居民体育消费在有效需求、产品品质、消费水平、消费结构等诸多方面仍面临着缺质、少量的“痛点”，这成为制约山东迈向体育强省的瓶颈性问题。

实现体育消费市场提质扩容，应聚焦体育消费领域“痛点”“堵点”，统筹体育产业供给侧结构性改革和体育需求侧管理，从供需双侧协同发力。供给侧要培育和激发体育市场主体活力，畅通消费链条，破除制约扩大体育消费的隐形壁垒，全面促进体育消费市场提质扩容增效。需求侧要顺应和把握消费升级大趋势，以消费升级引领产业升级，形成体育需求牵引供给、体育供给创造需求的更高水平的供求关系，实现体育市场的“供需均衡”。

第一章　研究缘起

作为经济发展的“稳定器”和“压舱石”，消费对经济发展的带动作用不言而喻。全力挖掘消费潜力是实现经济社会转型发展的必然选择。2022 年，中共中央和国务院印发《扩大内需战略规划纲要（2022～2035 年）》，明确将促进群众体育消费作为积极发展服务消费的核心任务之一。[①] 在此背景下，山东省委、省政府作出了系列关于恢复和扩大消费的决策部署，山东省体育局也把扩大体育消费摆在优先位置，充分发挥体育在扩大内需、助力经济增长、构建新发展格局上的重要作用。积极顺应居民消费差异化、多元化、品质化升级趋势，通过政策驱动、项目引领、资金撬动、服务联动等方式，加大优质体育产品和服务供给，丰富体育消费场景，不断夯实体育消费基础，释放体育消费潜力，扩大体育消费规模。居民体育消费预期不断增强，参与体育已成为人民对美好生活向往的基本需求，全省体育消费市场不断提质扩容，正成为推动经济增长的新动能。

第一节　目的意义

准确测算全省体育消费规模和城乡居民体育消费水平，深入洞察居

① 《扩大内需战略规划纲要（2022～2035 年）》，https://www.gov.cn/zhengce/2022-12/14/content_5732067.htm? eqid=b80775860000677a000000066476ef2b。

民体育消费的真实需求，精准把握未来体育消费的发展趋势，充分发挥数据的关键性生产要素作用，为科学决策提供理论依据和数据支撑，结合山东省体育局已连续完成 2019～2022 年 4 个自然年度的全省体育消费调查工作，持续跟踪全省城乡居民体育消费的变化趋势，细致分析山东省城乡居民体育消费行为、消费偏好、消费结构以及主要影响因素，力求从市场调研出发探究山东省城乡居民体育消费全貌，识别体育消费市场提质扩容的“痛点”“堵点”，对于正确把握体育消费整体问题趋势，形成关于体育消费发展更深层次共识，具有重要的经验信息价值以及逻辑构建意义。

一、理论意义

立足于供需理论、系统理论等基础理论启示，进一步夯实体育消费市场的研究基础，深入阐释山东省体育消费市场提质扩容的内涵，并在此基础上构建促进体育消费市场提质扩容的分析框架，科学诊断体育消费市场的现状特征与发展趋势，客观剖析体育消费市场存在的问题及成因，对丰富和发展体育消费市场提质扩容的理论基础具有一定学术价值，对促进体育消费提质扩容具有一定的理论指导意义。

二、实践价值

通过社会调研与数据分析，持续跟踪山东省城乡居民体育消费的变化趋势，以历时性体育消费调查数据为基础，展开有关体育消费实践现状及规律特征等的梳理总结，深刻剖析体育消费市场提质扩容中存在的问题及成因，提出体育消费市场提质扩容的对策与建议。力求从市场调研出发探究山东省城乡居民体育消费全貌，与市场参与者共享全面、持续、即时的信息，为山东省体育产业发展引导资金、体育惠民消费券等优惠政策提供方向指引，对进一步优化体育消费市场提质扩容的相关政策、完善体育消费市场提质扩容体制机制提供一定的借鉴与参考。

第二节　文献回顾

作为六大消费领域之一的体育消费，是释放居民消费潜力、提升居民消费水平、促进经济发展的重要基础。由于中国居民消费增速近年来逐渐放缓，如何有效释放居民消费潜力，实现体育消费提质扩容，受到学界和政府部门的关注。在中国知网、万方数据库等，以“体育消费”“体育消费升级”“体育消费提质”等为关键词，查阅梳理相关文献发现，居民体育消费问题一直是学术界研究的热点，国内外学者从消费环境、消费市场、消费升级、消费结构、消费动力、消费者行为等多个视角开展了大量卓有成效的研究，取得了丰硕的成果，为丰富消费理论研究、解决消费实践问题作出了重要贡献。

一、关于体育消费提质扩容的概念与特征研究

我国体育消费研究始于20世纪八九十年代，徐钟仁、钟天朗等学者对体育消费的定义、类别和发展趋势等进行了探讨。① 关于消费升级的定义，大多数学者认为居民消费需求从生存型向发展型、享受型转变，并呈现出个性化、多样化的特征。根据消费客体的不同层次，消费升级研究一般遵循“物质—精神”“物质—服务”或者“生存—发展—享受”的上升逻辑框架。② 石明明等将消费升级定义为Ⅰ类消费升级和Ⅱ类消费升级，前者是指食品等生存性消费占比下降，后者是指符号性和服务性消费占比上升。③ 林晓珊将消费升级分为消费实物量的增加、消费更高品质的

① 参见徐钟仁：《论体育消费》，《体育论坛》1989年第3期；钟天朗：《我国体育消费发展趋势研究》，《成都体育学院学报》1990年第4期。

② 参见张翼：《当前中国社会各阶层的消费倾向——从生存性消费到发展性消费》，《社会学研究》2016年第4期。

③ 参见石明明、江舟、周小焱：《消费升级还是消费降级》，《中国工业经济》2019年第7期。

产品和服务、增加新的消费内容和利用新的消费形式四个方向。[①] 李道锋等人认为，我国体育消费将呈现出实物型体育消费量提升、观赏型体育用品的消费者增加、参与型体育消费规模增大、体育用品消费结构多元化、体育消费的两极化比例减少、消费结构开始升级换代等趋势。[②] 马晓卫等分析，近年来在国家政策的协调推动下，互联网与体育融合发展，体育消费需求稳步提升，人们体育消费观念有所转变、不断更新，体育消费内容日益丰富，消费观念也呈现从保守从众到开放精专转变的趋势。[③]

二、关于体育消费提质扩容的价值意义研究

体育消费是综合性消费，具有较强的消费关联性。梳理发现诸多专家学者对当前经济、社会与文化环境的了解和判断，围绕体育消费市场在稳增长、惠民生、促进健康消费等方面的重要作用，形成了较为一致的观点和较为丰硕的研究成果，科学理解、全面推动体育消费市场提质扩容的必要性已成共识。体育消费能够通过"乘数效应"与"关联效应"带动旅游、住宿、交通、餐饮等相关产业消费，扩大内需的作用更为明显和直接。[④] 正如学者黄海燕所指出的，"体育消费是体育产业发展的基石，也是不断优化产业结构、促进体育产业高质量发展的核心推动力量"[⑤]。

① 参见林晓珊：《增长中的不平等：从消费升级到消费分层》，《浙江学刊》2017 年第 3 期。

② 李道锋、丁红娜、代坤：《我国城市体育产业和体育消费的现状及发展趋势研究》，《商场现代化》2021 年第 1 期。

③ 马晓卫、任波、黄海燕：《互联网技术影响下体育消费发展的特征、趋势、问题与策略》，《体育学研究》2020 年第 2 期。

④ 参见孙侃然、柳舒扬、曾鑫峰：《新发展格局下体育消费如何影响城市经济发展——基于江苏省重点城市面板数据的实证分析》，《西安体育学院学报》2023 年第 2 期。

⑤ 黄海燕：《推动体育产业成为国民经济支柱性产业的战略思考》，《体育科学》2020 年第 12 期。

三、关于体育消费提质扩容的影响因素研究

体育消费需求不足是体育消费提质扩容中的突出问题。我国人均GDP 虽早已超过 8000 美元这一体育消费爆发“奇点”，但体育消费并未如预期的那样遵循国际惯例出现“井喷式”爆发增长，体育消费升级迟迟未能完成，体育消费领域始终在积极探索破局之策。张永韬、张莺凡基于体育消费升级对推动体育产业高质量发展的重要作用，运用文献资料法、逻辑分析法等，从居民总体支出结构的抑制、高品质体育产品与服务供给不足的制约、消费观念不成熟的制约等方面，分析了当前制约我国体育消费升级的现实困境。[①] 严鑫、周铭扬运用文献资料法、逻辑分析法，探讨了新经济下我国体育消费升级的制约因素，指出：发展不平衡、不充分，创新驱动不足，市场环境尚未规范，价值观念不够成熟，与新技术融合不深，是新经济下体育消费升级的制约因素。[②] 张蒙、吴际运用文献资料、逻辑分析等方法，探究我国体育消费升级的现实基础和发展困境，指出：政策法规体系尚不完善、体育消费环境营造不足、体育产业结构相对失衡、体育消费供给质量不高，是我国体育消费升级的现实困境。[③] 郝宏钟指出供给侧、需求侧、供需之间三个方面存在的问题，即供给侧发展方式粗放和有效供给短缺、需求侧消费观念滞后与消费能力羸弱、供需之间消费环境制约与体制机制缺失的问题。[④]

---

① 张永韬、张莺凡：《体育产业高质量发展视域下促进我国体育消费升级研究》，《体育文化导刊》2021 年第 4 期。

② 严鑫、周铭扬：《新经济下体育消费升级制约因素与实现路径》，《体育文化导刊》2021 年第 11 期。

③ 张蒙、吴际：《我国体育消费升级的现实基础、困境与路径》，《体育文化导刊》2022 年第 12 期。

④ 郝宏钟：《经济内循环背景下体育消费升级的路径选择》，《淮北师范大学学报（自然科学版）》2022 年第 6 期。

四、关于体育消费提质扩容的“痛点”“堵点”研究

政策红利促进了人民生活水平的普遍提高，目前体育消费的热度已经提升，居民体育消费意识普遍增强，但是体育消费潜力有待进一步挖掘，体育消费过程中仍存在体育消费水平较低的问题，居民体育消费仍然存在各个层面的深度不均衡现象。吴迪、荣晨从畅通国内循环的角度分析认为，制约我国居民消费动力、能力和潜力的“堵点”分布在生产、分配和流通环节，如：生产环节的高质量供给不足，导致高端消费需求难以全部满足；分配环节的居民部门收入较低，收入差距较大，尤其是具有较高消费倾向的群体往往为低收入者，遏制了居民的消费潜力；流通环节中较高的运输成本和较低的资金流通效率在一定程度上也对居民消费产生了负面影响。[①] 浦义俊、吴贻刚指出，在新时代背景下，我国体育消费升级还面临着体育消费不均衡、体育消费理念异化、体育消费交易成本居高等问题。[②] 黄亨奋等认为，我国广大民众的体育消费潜能、消费热情和消费意识仍然没有得到充分发挥和有效激励。[③] 赵胜国、王健则分析了激发体育消费潜力过程中存在的现实问题：体育消费市场供需人民性体现不足，制约体育消费践行人民至上价值取向；体育消费市场分割现象明显，制约体育消费实现平衡、充分目标旨向；体育消费市场供需质量层次不高，制约体育消费顺应品质引领需求转向。[④]

---

① 吴迪、荣晨：《尽快打通影响居民消费增长的三大堵点》，《宏观经济管理》2022 年第 10 期。

② 浦义俊、吴贻刚：《新时代我国体育消费升级的价值、挑战与推进路径研究》，《西安体育学院学报》2020 年第 2 期。

③ 黄亨奋、杨京钟、郑志强：《公共体育场馆体育消费与财税宏观激励的关联度研究》，《西安体育学院学报》2018 年第 3 期。

④ 赵胜国、王健：《新发展阶段激发体育消费潜力的逻辑理路与现实进路——基于供需动态平衡的分析框架》，《体育科学》2023 年第 4 期。

五、关于体育消费提质扩容的实现路径研究

针对体育消费有效需求不足的突出矛盾，学者们从增强消费能力、改善消费条件、增加消费场景、优化消费环境等方面进行了积极探讨。如，张永韬、张莺凡提出，应通过加强体育消费需求侧管理，为促进体育消费升级夯实基础；提升体育产业供给产品和服务质量，为促进体育消费升级创造条件；引导体育消费观念的转变，确保体育消费升级的可持续性等策略，促进体育消费升级。[①] 严鑫、周铭扬从以下方面提出了实现体育消费升级的实现路径：扩大新需求，健全居民收入增长与平衡机制；培育新动能，实现从要素投入转向创新驱动；强化新保障，完善法治化建设；培育新理念，树立科学理性的消费观念；融合新技术，推进新基建拓宽消费应用场景等。[②] 张蒙、吴际认为，我国体育消费升级的实现路径包括：健全体育消费政策体系，筑牢消费升级制度保障；补齐体育场地设施短板，营造良好的体育消费环境；优化产业结构和空间布局，促进体育消费均衡发展；加快体育产品服务创新，提高体育消费供给品质等。[③] 李静等则运用文献资料、逻辑分析等方法，提出体育消费升级背景下体育产业高质量发展提升路径：增加产品服务供给，活跃体育消费市场；加快推进产业融合，丰富体育消费内容；以服务型消费为突破口，完善现代体育产业体系。[④] 浦义俊、吴贻刚运用文献资料法和逻辑分析法，对新时代我国体育消费升级路径进行研究，提出我国体育消费升级推进路径为：理念思维先行，制

---

① 张永韬、张莺凡：《体育产业高质量发展视域下促进我国体育消费升级研究》，《体育文化导刊》2021 年第 4 期。

② 严鑫、周铭扬：《新经济下体育消费升级制约因素与实现路径》，《体育文化导刊》2021 年第 11 期。

③ 张蒙、吴际：《我国体育消费升级的现实基础、困境与路径》，《体育文化导刊》2022 年第 12 期。

④ 李静、王兆红、郭恩恺：《体育消费升级背景下体育产业高质量发展提升路径》，《体育文化导刊》2022 年第 10 期。

度机制跟进，服务产品创新。[①]

六、国外学者关于体育消费的相关研究

国外研究中，学者更多地运用定量研究的方法分析了影响体育消费的因素、参与体育消费的心理与动机等相关问题，主要从心理、动机方面分析居民与体育消费之间的关系及影响，但尚未把体育消费升级作为一个具体的对象进行探究。Cui Huibin 等采用有序多项逻辑回归模型，系统考察了大学生体育消费升级的结构特征及影响因素。结果显示，当前大学生体育消费升级呈现出智能化、综合化、多样化的特征，与体育产业的发展方向呈现出动态一致性。[②] Adam Gemar 通过定量研究方法，评估体育参与在加拿大人文化生活方式中的位置。[③] Ying W. L.认为，体育消费结构是指体育消费主体在体育消费过程中，实物型体育消费、观赏型体育消费、参与型体育消费分别在总的体育消费中的比例，它是体育消费水平的具体反映。[④] Jason P.等在《探索观众体育中的成就：应用积极心理学检验体育消费的个体层面效益》一文中，使用积极心理学的方法来研究体育消费有关于个人层面的效益，调查了积极的情绪、参与关系、意义和成就等几个领域。[⑤] Breuer 运用人口统计特征和社会经济模型相结合的方式，分析了体育消费需求影响因素，结果表明：人们的体育消费需求

---

① 浦义俊、吴贻刚：《新时代我国体育消费升级的价值、挑战与推进路径研究》，《西安体育学院学报》2020 年第 2 期。

② Cui Huibin, Huang Yongqi and Pan Xingyu. "Upgraded Sports Consumption Behavior of College Students: Current Characteristics and Influencing Factors." *Humanities and Social Sciences*, 2022,10(3).

③ Adam Gemar. "Sport as Culture: Social Class, Styles of Cultural Consumption and Sports Participation in Canada." *International Review for the Sociology of Sport*, 2020, 55(2).

④ Ying W. L.. "Investigation and Analysis on Sports Consumption of Urban Residents of Henan Province." *Physics Procedia*, 2012, 33:2020-2026.

⑤ Jason P. Doyle, Kevin Filo, Daniel Lock, Daniel C. Funk, Heath McDonald. "Exploring PERMA in Spectator Sport: Applying Positive Psychology to Examine the Individual-level Benefits of Sport Consumption." *Sport Management Review*, 2016,19(5).

显著受外部各种因素的影响。① Lera-lopez 等基于有序的 prebit 模型，分析了西班牙体育参与和体育消费的社会人口学和经济决定因素，结果表明：性别、年龄等变量的正向影响和部分职业地位类别的负向影响，低教育水平和低水平收入，都不是体育运动的障碍因素。因此，时间可得性是扩大参与者基础或增加参与强度的主要障碍。②

综上所述，在体育消费加快发展的新时期，体育消费市场作为一个备受关注的领域，呈现出较为丰富的研究动态。研究人员从不同维度、不同层次、不同视角对体育消费市场及其相关领域展开深入探讨，为更好地推动体育消费市场提质扩容提供了理论指导与实践参考。在对国内外相关文献进行研读与整理的基础之上，认为当前体育消费市场提质扩容的必要性已趋达成共识，但现有研究尚存有一定局限性，内涵释义尚未明晰、动力解析维度单一、实证分析不足、对策针对性不强等问题亟待在后续研究中进一步改善。

基于此，本书研究以供需协同管理为理论基础，以山东省城乡居民体育消费作为研究对象，系统探讨体育消费提质扩容的问题，以体育消费市场体质扩容的价值要义作为研究起点，以山东省体育消费调查 2019～2022 年四年相关统计数据为依据，系统梳理总结山东省在促进居民体育消费提质扩容中的积极举措和建设成效；构建体育消费发展指数，并对山东省 16 地市体育消费发展指数进行实证分析，准确识别山东省居民体育消费在有效需求、产品品质、消费水平、消费结构等诸多方面仍面临的缺质、少量的"痛点"，并尝试提出有效实现体育消费市场提质扩容的实践路径。

---

① Breuer C., Hallmann K. and Wicker, P. et al. "Socio-economic Patterns of Sport Demand and Ageing." *Eur. Rev. Aging Phys*. 2010(7): 61-70.

② Lera-Lopez F. and Rapun-Garate M.. "The Demand for Sport: Sport Consumption and Participation Models." *Journal of Sport Management*, 2007, 21(1):103-122.

第三节 研究思路与主要内容

一、研究思路

本书以“发现问题—提出问题—分析问题—解决问题”的逻辑思路为主线开展研究工作。总体来讲，本书整体框架和核心思路为：从宏观视角阐述体育消费提质扩容的价值要义；系统总结山东省促进体育消费发展的积极举措和建设成效；从总量和结构双重视角，客观审视体育消费结构的整体特征、人口统计学差异特征与发展趋势；构建16地市的体育消费发展指数评价模型进行实证分析，识别山东省体育消费提质扩容的“痛点”“堵点”；从供需双侧协同管理视角，提出促进山东省城乡居民体育消费提质扩容的策略与建议，为政府制定相关体育消费政策、企业高效供给体育消费产品与服务提供理论参考和决策依据。

二、主要内容

除研究缘起外，本书共分四部分：

第一部分：体育消费提质扩容的价值要义。体育消费提质扩容是体育产业发展的基础，对于推动体育产业高质量发展、助力体育强国建设和实施健康中国战略具有重要作用。体育消费提质扩容是推动经济高质量发展的动力引擎，是实现产业结构转型升级的根本动因，是促进经济增长方式转变的有效途径，是畅通“双循环”新发展格局的重要力量，是增进民生福祉的关键举措。

第二部分：山东省促进居民体育消费提质扩容的实践与思考。系统梳理了山东省促进体育消费提质扩容的积极举措，总结了山东省体育消费提质扩容的建设成效，分析了山东省居民体育消费的发展特征。山东相继出台多项促进体育消费政策，从供需双侧多个方面综合发力，丰富体育产品供给，优化体育消费环境，激发体育消费活力。居民不断重塑健康理念，体育消费在居民日常消费中占比稳步提升，体育消费对经济增长的拉动作用逐步增强。居民体育消费呈现出体育消费空间场景化、体育消费产品品质化、体育消费内容多样化、体育消费群体年轻化、体育消费形式数字化、体育产业体系融合化、"夜经济"消费常态化的发展特征。

第三部分：山东省城乡居民体育消费发展指数。遵循科学性、全面性、导向性、普适性、可操作性等基本原则，从产业基础、供给能力、消费活力、发展环境四个维度，建构了体育消费发展指数评价指标体系，设计体育消费发展指数测量模型。以山东省 16 地市 2019～2022 年四年相关统计数据为基础，对山东省体育消费发展水平进行指数测度和综合评价。指出山东省居民体育消费在有效需求、产品品质、消费水平、消费结构等诸多方面仍面临着缺质、少量的"痛点"。

第四部分：促进体育消费提质扩容的实现路径。聚焦体育消费领域"痛点""难点""堵点"，基于供需协同管理理论，从供需双侧积极培育和激发体育市场主体活力，改善消费条件，创新消费场景，满足消费需求，畅通消费链条，破除制约扩大体育消费的隐形壁垒，释放消费潜力，全面促进体育消费提质、扩容、增效。

第四节　研究方法

本书研究的全部数据来源于 2019～2022 年山东省体育局联合山东省统计局开展的山东省城乡居民体育消费调查。这也是自 2019 年起，连续四年开展的全省城乡居民体育消费调查。在往年工作的基础上，本次调查根据《体育消费分类统计办法（试行）》和《国家体育消费试点城市居民体育消费调查方案（试行）》对体育消费的分类，进一步完善优化了问卷内容和调查方法。基于调研结果与宏观数据、往年数据的对比，结合消费者行为理论，细致地分析了全省城乡居民体育消费行为，准确测算了全省体育消费规模。

一、文献研究法

根据研究需要，以“体育消费市场”“提质扩容”“体育消费升级”“体育消费转型”等关键词为索引在中国知网、维普资讯网、Web of Science、EBSCO 等网络数据库进行文献检索。通过归纳、提取、凝练和总结大量文献资料，系统了解山东省体育消费市场的发展基础，探析当下体育消费市场提质、扩容的热点问题，并基于知识梳理、数据整理，剖析研究“痛点”，清理研究脉络，明确研究内容，完善研究框架，为本书的整体结构、分析论证等方面提供坚实的理论基础及方法支撑。

二、问卷调查法

要获得不同群体的体育消费数据，必须采用社会学问卷调查法，根据理论假设进行问卷设计，按照覆盖的地区和人口规模，确定样本发放数量，以确保抽样结果的科学性。样本量 n 的大小直接影响或涉及以下几个方面：第一，如果 n 太大，不仅会增加成本支出，还会影响调查的时效性；第二，如果 n 过小，样本无疑不具代表性，调查结果肯定有偏差。因此，开展任何抽样调查前科学地确定 n 值至关重要。根据上述原则，确定此次调查样本。按照现有人口 4‰的比例确定样本量，全省 40000 人。

2022 年，山东省居民体育消费调查采用分层随机抽样方法，通过网络、学校、入户等渠道，面向山东省 16 地市 137 个县市区的常住居民，采取线上线下相结合的方式开展调查。线上问卷采取问卷星在线问卷调查软件，线下纸质问卷采用分层随机抽样方法发放，共回收有效问卷 49147 份，保证了样本数据的充分性、真实性和有效性。

（一）调查内容

根据调查目的，设计了 2022 年山东省城乡居民体育消费调查问卷

(见附录)。为保证调查问卷的效度,先后多次召开专家论证会论证调查问卷内容。目前调查内容主要分为五大部分:第一部分是对调查对象社会学特征进行的调查,主要包括其家庭住址、性别、年龄、文化程度、职业、收入情况等。第二部分是对居民体育消费行为的调查,包括体育用品消费、健身休闲消费、体育观赛消费、体育保健与康复消费、体育参赛消费、体育教育培训消费、体育旅游消费、体育文化消费、体育彩票消费、其他体育消费(含健身 App、冬奥吉祥物)10 个方面,以了解居民的体育消费支出、消费方式、消费意愿等情况。第三部分是影响居民体育消费的因素调查。第四部分是居民体育参与情况的调查,包括参与项目、锻炼频次、锻炼市场、锻炼场所等。第五部分是促进体育消费的意见调查。

(二)质量控制

在开展调查之前,多次召开专家论证会,确保调研问卷的科学性、有效性。开展调查后,在省体育局的调度下,每周汇总各地市问卷回收情况,并有针对性地进行补充调查,确保样本的数量和质量。问卷回收后,通过内容数据审核、逻辑检验等方法,筛查调查问卷,剔除无效问卷 2713 份,有效问卷 49147 份。

(三)样本构成

为提高样本的代表性,本次调查按照分层抽样的原则进行,涵盖了 137 个县市区、所有职业,样本具体构成详见表 1-1。

第一层:山东省 16 地市的 137 个县市区。

第二层:城乡居民。

第三层:根据性别,分男、女两层。

第四层:根据年龄,分 6～12 岁、13～22 岁、23～34 岁、35～60 岁、60～70 岁共 5 个年龄组。

表 1-1　2022 年样本的社会学特征构成　（n＝49147）

人口统计	变量水平	份数	百分比	人口统计	变量水平	份数	百分比
性别	男	25914	52.73%	职业	政府机关在职人员	5684	11.57%
					事业单位在职人员	6614	13.46%
	女	23233	47.27%		企业在职人员	9636	19.61%
城乡	城市	35827	72.90%		在校学生（含大专、高职等在校生）	12472	25.38%
	农村	13320	27.10%		自由职业	7695	15.66%
年龄	6～12 岁	5409	11.01%		退休人员	6641	13.51%
	13～22 岁	9303	18.93%		其他	405	0.82%
	23～34 岁	14033	28.55%	收入	2 万元以下	13118	26.69%
	35～60 岁	15063	30.65%		2 万～5 万元	9067	18.45%
	60～70 岁	5339	10.86%		5 万～10 万元	8744	17.79%
学历	高中及以下	15962	32.48%		10 万～15 万元	6777	13.79%
	大学本科（含大专）	22530	45.84%		15 万～20 万元	3685	7.50%
					20 万～30 万元	2819	5.74%
					30 万～50 万元	2469	5.02%
	研究生及以上	10655	21.68%		50 万元以上	2468	5.04%

三、数理统计法

运用 SPSS 对统计年鉴数据和问卷调查数据进行处理，对体育消费支出、体育产业发展、体育活动参与等相关数据进行描述性统计和多重比较，为研究提供量化数据支持。

体育彩票消费支出，根据不同地区的彩票销售额和地区人口进行测算。

四、特尔斐法

目前尚无专门针对体育消费发展的评价指标体系，本书根据研究目的与指标选取原则，通过综合文献梳理、政策文件分析、专家意见征询三种途径设计、形成评价指标库。将体育产业发展基础、消费活力、供给能力、发展环境这四个维度作为体育消费发展指数评价指标体系的一级指标，并对一级指标用可测量的二级指标加以描述，选取了 24 个基础指标构成二级指标，从而形成了一个完整和具有内在联系的层次指标体系。

五、逻辑分析法

采用比较、归纳、演绎等思维形式，阐明体育消费市场提质扩容的内涵释义，并对山东省体育消费市场的发展基础进行系统全面的分析与整合，归纳现实问题，总结问题成因，有针对性地探究出适合山东省体育消费市场提质扩容的实现路径。

第二章 体育消费提质扩容的概念界定与价值要义

第一节 概念界定

概念是构造理论的基石。对于体育消费的概念定义和范围界定更为严谨的研究正处于不断完善中，与之对应的统计和测算工作也在逐步发展。为了避免因概念界定不清而导致调查登记的重复或遗漏，保证调查资料的准确性，参照国家统计局《体育产业统计分类(2019)》，国家体育总局《体育消费统计分类(征求意见稿)》《关于开展国家体育消费城市的申报工作的通知》以及相关资料，对体育消费的相关概念作出清晰界定，以考察山东省城乡居民体育消费活动的参与程度。

一、体育消费的概念

体育消费是指国内机构和居民为满足体育需求，用于体育产品和服务方面的支出。按照消费主体，可以将体育消费划分为三大类：政府(含职能部门及事业单位)消费、企业和民间非营利组织消费、居民消费。其中主要包括政府、企业和非营利组织、居民用于购买体育服装、运动器材、体育期刊、书报等实物型支出，用于观看各种体育比赛、表演、展览等观赏型消费，用于参加各种各样的体育活动、健身训练、体育健康医疗等参与型消费以及体育彩票等博弈型消费，如图 2-1 所示。

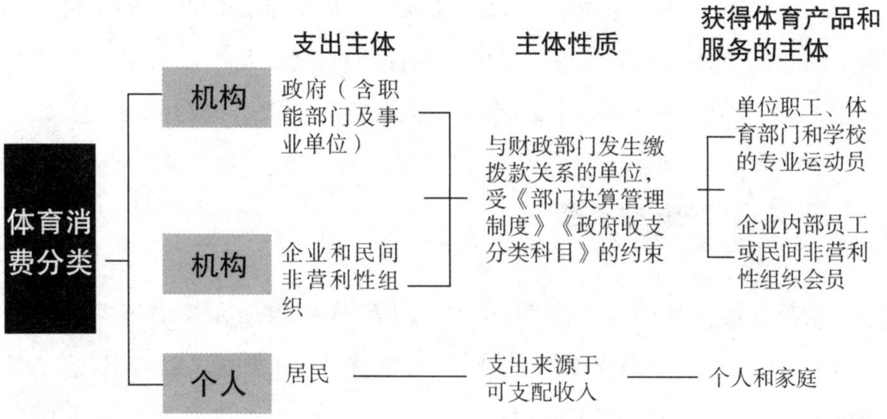

图 2-1　体育消费分类

居民体育消费，是指在一定时期内，居民用于购买体育产品和服务的支出，一般用价值(货币)单位来表示。居民体育消费调查，主要面向的是常住居民。

二、体育消费的类型

根据体育消费的目的、内容、方式和功能，可以对体育消费进行不同分类。常见的是根据消费内容将体育消费划分为实物型、参与型、观赏型和博弈型四大类型。

实物型体育消费是指居民用货币购买各种与体育活动有关的体育产品的行为，如购买体育器材、体育服装鞋帽、体育康复用品、体育保健品、体育报刊等。

参与型体育服务消费是指居民用货币购买各种与参与体育活动直接相关的体育服务的行为，如为参加体育赛事、健身训练及接受体育教育培训支付报名费、场地租赁费、会员费等。

观赏型体育服务消费是指居民用货币购买各种与观看、欣赏体育活动直接相关的体育服务的行为，如为观看各类体育比赛、体育表演、体育影视节目、体育展览等支付门票、支付节目订阅费等。

博弈型体育消费是指居民为获得某种获奖凭证而购买的各类体育彩票支出。基于体育彩票有独立和完善的统计体系，近年来山东省城乡居民体育彩票消费支出根据全省体育彩票销售额及人口进行测算。

三、体育消费提质扩容

从消费经济学的范畴来看，消费提质发展应当内在要求消费需求稳定增长、消费水平全面提升、消费结构不断优化、消费方式创新引领、消费环境不断改善。[①] 对消费升级的内涵、影响因素和经济效应进行文献梳理与系统论述，发现居民消费升级不仅是一个消费客体的层次和结构不断升级的过程，也是一个由部分消费主体的升级带动整体消费升级的一个阶梯式上升过程。如：薛军民、靳媚从消费结构上定义了消费升级，认为消费升级应该表现为居民消费结构中享受型消费和服务型消费所比重的上升。[②] 张梦霞等则扩展了消费升级的研究范围，认为消费升级除了指消费结构的变化，消费方式、消费习惯等方面的升级也应属于消费升级的衡量范围。[③] 袁小慧等认为，消费升级包括消费模式升级、消费观念升级和消费业态升级。综合来看，消费升级主要应该体现在三个方面，即消费数量升级、消费品质升级和消费结构升级，是一种由量变到质变的过程。消费数量升级是指人们通过增加消费商品数量满足更多的消费需求。随着消费数量增加，商品的边际效用逐渐降低，仅仅依靠消费数量增

① 参见张俊英、罗琼、唐红涛：《消费提质发展的内涵界定、动力机制与实现途径》，《消费经济》2018 年第 6 期。

② 薛军民、靳媚：《居民消费升级与经济高质量发展——基于中国省际面板数据的实证》，《商业经济研究》2019 年第 22 期。

③ 张梦霞、郭希璇、李雨花：《海外高端消费回流对中国数字化和智能化产业升级的作用机制研究》，《世界经济研究》2020 年第 1 期。

加已经不能满足人们的消费需求，开始倾向于选择更高品质的商品和更高层次的消费，消费品质升级是在同一需求层级人们追求高商品质量的一种表现。当同一需求层次的消费需求得到充分满足时，人们选择向更高需求层次进行消费，体现为消费结构升级。[①] 消费内容优化特指消费者在同一消费类型的产品选择中更倾向于中高档产品。[②]

体育消费提质扩容的内涵分别可以从体育消费客体、主体和环境三个角度来分析。从消费客体来看，体育消费提质扩容主要体现在三个方面：数量扩容、品质提升和结构升级。在数量层面，消费升级表现为消费规模扩大，是消费者依据偏好、预算约束与市场信息调整消费决策，产生新增消费的结果。在品质层面，品质提升是同一需求层级的人们追求高商品质量的一种表现，消费者在同一消费类型的产品选择中更倾向于中高档产品。在结构层面，结构升级具体表现为消费者逐渐减少实物型体育消费支出比例，增加满足发展和享乐需要的观赏型、参与型体育消费。消费内容优化特指表现为非基本消费的提升。从消费主体来看，居民体育消费提质扩容是一个由部分高消费阶层引领消费升级，然后依次带动中低层消费升级，即由部分升级带动整体升级的一个阶梯式、螺旋式上升的过程。从消费环境来看，居民体育消费提质扩容是消费条件改善、消费环境优化的过程。

四、体育消费结构

消费结构是指不同类型消费资料的比例关系，被广泛使用的恩格尔系数就是消费结构的简化表达。消费结构提升具体表现为消费者逐渐减少仅满足生活需要的物质消费比例，增加满足发展和享乐需要的精神文

① 袁小慧、范金、王凯等：《新一轮科技革命背景下居民消费升级对中国产业转型影响研究》，《新疆社会科学》2015 年第 6 期。

② 参见孙久文、李承璋：《需求侧与供给侧结合的消费升级路径研究》，《中国人民大学学报》2022 年第 2 期。

化消费。

体育消费结构是指人们在体育消费过程中的多种消费资料和劳务的构成及比例关系，它是反映居民体育消费质量变化状况以及内在构成合理化程度的重要标志。体育消费结构不仅可以反映居民的体育消费内容、消费水平和消费质量以及居民体育消费需要满足的程度，而且也是社会生产目的实现程度、各项经济政策正确与否以及正确程度的反映。

五、体育消费总规模

体育消费总规模是指城乡居民年度内对体育产品和服务的全部消费支出，是衡量一个国家或地区体育消费水平的重要指标。其计算公式为：

体育消费总规模＝城乡居民人均体育消费支出×居民人口数量

第二节　体育消费提质扩容的价值要义

体育消费是名副其实的绿色消费、健康消费、幸福消费，有着巨大的发展潜力，在扩大内需、促进消费、带动就业、满足群众多样化需求等方面，具有较强的辐射带动作用。体育消费提质扩容是体育产业发展的基础，对于推动体育产业高质量发展、畅通国内大循环的新发展动能、推进中国式现代化进程、助力体育强国建设和实施健康中国战略具有重要作用。

一、体育消费提质扩容是推动国民经济高质量发展的动力引擎

消费是最终需求，是经济增长的持久动力。国家统计局发布的《2021年国民经济和社会发展统计公报》显示，2021年我国消费远超投资对经济增长的贡献率，达到65.4%，成为国民经济稳定增长的主要动力。消费是支撑我国经济持续健康发展的重要引擎，是双循环发展的核心动力

和关键环节。在经济增长速度换挡、结构调整阵痛、前期刺激政策消化“三期叠加”的经济新常态下，经济增长的动力格局发生了重大变化，消费驱动经济高质量发展的作用愈加凸显，已成为经济增长的主动力。实现“换挡”而不“失速”，实现体育消费潜力的有效释放，促进体育消费的提质扩容，是推动经济高质量发展的一个重要突破口。习近平总书记在主持召开中共中央政治局常务委员会会议时指出：“各级党委和政府要……不失时机畅通产业循环、市场循环、经济社会循环。”[①]消费在这“三大循环”中处于枢纽地位，是“生产—分配—交换—消费”循环的起点和终点，其中生产环节属于供给侧，交换和分配环节属于流通领域，而消费属于需求侧，经济循环的过程就是供给和需求不断匹配的过程。因此，消费对经济循环能够产生强大的推动作用。根据西方经济学的观点，经济增长是一个市场供给与需求不断实现动态均衡的过程，而消费升级则是在这一动态均衡过程中不断满足消费者更高层次消费需求的过程，也是一个不断实现消费需求和有效供给相匹配的过程。随着经济发展水平的不断提高，我国已进入消费需求不断增加、消费环境持续优化和消费结构加快升级的重要阶段，居民消费结构产生明显变化，实物型消费占比将逐年下降，服务型消费占比将逐年上升。消费需求结构变化将带来消费升级和经济增长方式的转变，为经济增长提供可持续的消费驱动力。消费升级是消费层次和质量提高的过程，反映在供给层面，就是产业由低端生产向高端迈进的过程。体育消费作为经济发展的重要消费新增量，是现代消费的重要组成部分，是通过内需扩张、保障经济可持续发展的必然要求。体育消费提质扩容有助于体育消费从模仿型、排浪式消费向个性化、多样化需求发展转变，体育消费升级引致产品和服务需求的多样化、高级化以及个性化，带动了体育产品和服务的纵深发展，倒逼企业进行技术革新，并通过重构产业链分工来促进企业的创新行为，可以更好地顺应消费需求向个性化、多样化发展的趋势，满足人民日益增长的美好生活需求，形

---

① 《畅通“三循环”　习近平这样精准施治》，共产党员网，https://www.12371.cn/2020/04/12/ARTI1586657782552639.shtml。

成经济高质量发展的增长点、增长极，有利于经济实现高质量发展。

根据山东省体育局和山东省统计局公布的统计数据，2021 年山东省体育产业总产出 3712.69 亿元，增加值为 1395.78 亿元，同比增长 24.31%，图 2-2 描绘了“十三五”以来山东省体育产业的总体发展状况，体育产业增加值增速远远高于同期山东省 GDP 的发展增速。从上述体育产业的增速可以看出，体育产业对全省体育经济增长的贡献逐年加大。随着人民生活水平的提高以及消费意识、消费习惯的改变，享受型、发展型的体育消费需求将持续上升，体育消费成为居民享受生活、追求时尚的一种生活方式，体育消费升级趋势越发明显，带动了体育产业的整体发展，体育消费确实已成为体育产业发展的主要推动力。

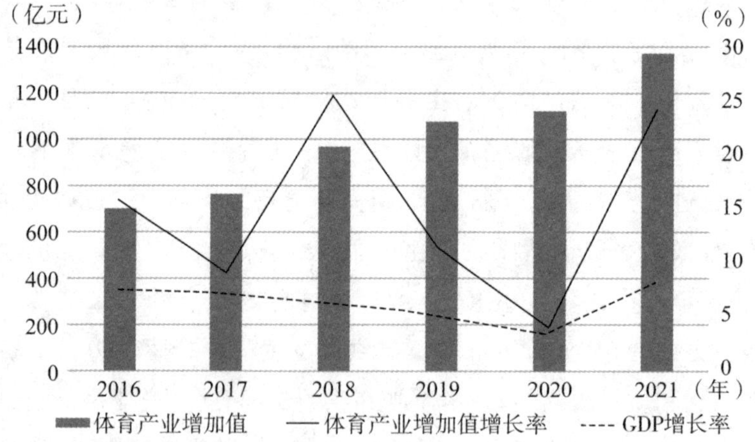

图 2-2　2016～2021 年山东省体育产业发展状况

二、体育消费提质扩容是实现产业结构转型升级的根本动因

产业结构优化是经济新常态化发展的重要特征，居民消费结构的变迁是对商品质量和数量的改变，是主导产业结构演进的根本动力和影响产业结构调整的最直接因素。产业结构优化和转型很大程度上取决于市场规模的大小，随着国内市场的扩容，国内企业的生产和经营效益将不断

提高，并吸引更多企业进入市场，企业间竞争加剧又会刺激竞争主体增加投资，进行技术创新和产业升级。体育产业作为一个独立的经济体系，兼顾制造业和服务业的双重属性，是国民经济产业体系中较大的一个子系统，所跨行业幅度大、覆盖范围广、产业链条长、与许多产业能够产生联动效应，发展体育产业有利于化解产能过剩和解决产业空心化问题，促进产业结构的转型升级。与传统产业相比，发展体育产业顺应了我国产业结构调整和升级的方向。体育消费提质扩容，可以进一步促进体育产业的壮大与成长，提高体育产业在产业结构中的比重。体育消费提质扩容会引致产业链分工的重新选择，使产业链上下游的企业自主进行分工制度安排，畅通市场传导机制，有利于产业链上下游企业的协调发展。体育消费升级也会引导投资结构优化升级，依靠体系化的消费层次提升来解决体育产业与体育消费之间的不匹配问题，推动体育消费增长与引导体育产业结构升级，最终实现消费结构优化升级、产业结构优化升级相互促进的良性循环，促进经济结构调整与转型。

2021 年，山东省体育产业实现增加值 1395.78 亿元，占当年全省 GDP 的 1.68%。按照判定支柱产业 4%～5%的标准，目前体育产业的发展，离国家关于推动体育产业成为国民经济支柱性产业的定位还有较大差距，这也反映了体育产业的巨大发展空间。

从体育产业内部结构看，体育服务业增加值 955.52 亿元，占体育产业增加值的比重为 68.46%，体育用品及相关产品制造增加值 430.37 亿元，体育场地设施建设增加值 9.90 亿元。2015 年以来，体育产业内容结构日趋优化，体育服务业占比逐年提高，详见图 2-3。

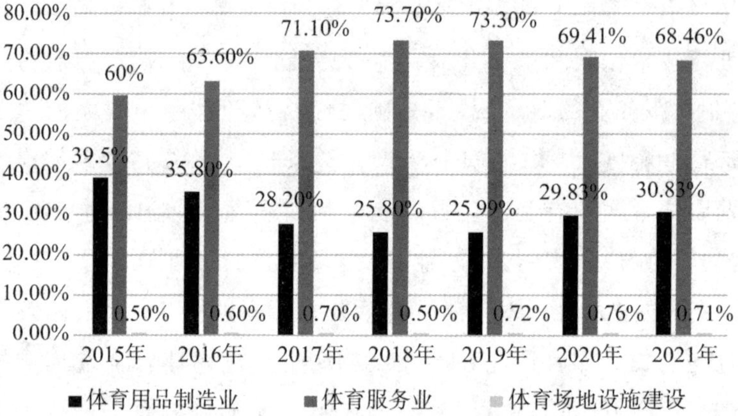

图 2-3　2015～2021 山东省体育产业三大行业增加值占比

图 2-4 反映了 2016～2021 年山东省体育产业增加值在 GDP 中的占比情况，即由 2016 年的 1.04％提升到 2021 年的 1.68％。

图 2-4　2016～2021 年山东省体育产业增加值占 GDP 的比重

三、体育消费提质扩容是促进经济增长方式转变的有效途径

进入经济新常态后，国家正在积极寻求经济发展方式的转变，探求粗放型经济发展方式向集约型经济发展方式转变的有效路径。消费提质扩容是消费层次和质量提高的过程，反映在供给层面，就是产业由低端生产

向高端迈进的过程。体育消费是一种能动性消费,能够有效提高国民素质,提高和激发人的创造力。体育消费作为一种对人本身的投资型消费,包含教育体系和社会培训的增强国民素质的手段,体育消费的过程蕴含着人力资本的增值和积累过程,体育消费既有利于提高劳动者的技能,也有利于提高劳动者的综合修养,其消费过程本身就是消费主体接受教育、提升素质的过程。而人力资本的增值和积累又是推动一切创新行为实现和创意元素充分发挥作用的根本所在,是推动全社会创新活力和潜能的前提,也是服务于经济增长动力由投资驱动向创新驱动转变,促进经济增长由要素驱动、投资驱动向创新驱动转变。

四、体育消费提质扩容是畅通"双循环"新发展格局的重要力量

扩大内需是构建"双循环"新发展格局的出发点和落脚地。消费是畅通国民经济循环的起始点和落脚点,也是发展内需经济最重要的动力来源。体育消费提质扩容是扩大内需的重要力量,是解决发展不平衡不充分问题的重要环节,是推动实现共同富裕的客观要求。党的十九届五中全会提出:"要畅通国内大循环,促进国内国际双循环,全面促进消费,拓展投资空间。"[①]这是基于国际国内环境变化,特别是我国经济形势变化作出的重大判断。随着国民经济的发展、城镇化的推进以及全面脱贫的实现,居民体育消费潜力得到释放。消费升级反映的是消费需求改变和提质的过程,而消费需求又会直接影响进出口需求。当消费需求过大而国内市场供应不足时,会引致进口贸易规模的扩大;当消费需求不足而国内市场供应过度时,就会引致出口贸易规模的扩大。消费升级过程中引发的需求结构、规模的改变,会直接影响对外贸易市场的发展,从而影响我国的贸易开放度。提高体育消费质量,释放体育消费潜力,促进体育消费升级,已然成为落实扩大内需战略、畅通"双循环"发展、保持经济平稳

① 《学习贯彻党的十九届六中全会精神》,中国共产党新闻网,http://cpc.people.com.cn/n1/2021/1113/c64093-32281290.html。

运行的稳定器和压舱石。体育消费提质扩容,可以引领消费潮流,推动体育文化的发展,从而满足人们对时尚和个性化消费的需求。作为战略性新兴产业和朝阳产业,体育产业独有的经济属性可以充分与新发展格局下提质扩容的现实需求相适应,特别是通过体育功能创新实现与其他产业的渗透和兼容,为形成以国内大循环为主体、国内国际双循环相互促进的新发展格局提供坚实支撑。体育消费是我国内需的重要组成部分,保障好体育消费又是扩大居民其他消费需求的重要前提,能够有效拉动社会总需求扩容,并带动就业增长。体育消费是驱动产业结构转型升级和高质量发展的重要驱动因素。体育相关企业可以依托国家"一带一路"等国际合作平台,推广优质体育产品和服务,积极参与国际体育产业竞争。在推动体育产业融入以国内大循环为主体、国内国际双循环相互促进的新发展格局过程中扮演更重要的角色。

五、体育消费提质扩容是增进民生福祉的关键举措

随着生活水平的不断改善和提高,人民群众的需要正从"物质文化需要"转向"美好生活需要"。体育作为五大幸福产业之一,是能够惠及民生福祉的重要领域,高质量的体育消费不仅能够直接保障人民群众的身心健康,提升居民对品质、舒适度、幸福感等的追求,也将促进人民群众的精神愉悦,点亮人民群众的幸福生活。体育消费作为一种对人本身的"投资"型消费,正获得越来越多的消费者的青睐。体育消费的增加可以促进人们参加体育活动的积极性,提高人们的身体素质和健康水平。体育消费提质扩容是由重视体育消费数量向重视提升体育消费质量和消费满意度转变,是不断满足人民群众美好生活需要的必然结果。各种新业态、新模式、新经济层出不穷,刺激了商品经济模式的转变和创新,最大限度地满足了人们日益增长的物质文化需要和消费总效用的期望。高质量的体育消费不仅能够直接保障人民群众的身心健康,使人民群众的身心得到愉悦,情操得到陶冶,点亮人民群众的幸福生活,还能够使体育发展成果

最大限度地惠及人民群众，丰富人民群众的文化生活，保障和改善人民群众的体育权益，提升人民的生活质量和幸福感。

体育产业是低能耗、少排放、多就业的新兴产业，对调整经济结构、促进产业升级、转变经济发展方式具有重要意义。推动体育消费市场提质扩容、激发体育消费潜力、转变体育产业发展方式、建立体育消费新发展格局，已成为新时代满足人民体育消费需求、推进体育产业的持续健康发展的关键举措。

第三章　山东省体育消费提质扩容的实践与思考

体育消费作为体育市场流通的最终环节，受体育消费需求、体育产业供给和体育消费环境等多重因素影响。近年来，山东省相继出台多项促进体育消费政策，从供需双侧多个方面综合发力，丰富体育产品供给，优化体育消费环境，激发体育消费活力，全面激活体育消费需求，推动体育消费提质扩容，不断增强体育消费对经济增长的拉动作用。特别是新冠疫情之后，着力刺激体育消费，对冲疫情带来的影响，形成经济发展的新动能。

第一节　山东省体育消费提质扩容的建设举措

山东省体育局通过政策驱动、项目引领、资金撬动、服务联动等方式积极释放体育消费市场潜力。在体育产业政策驱动、人口红利释放以及消费转型升级等多重利好因素的推动下，山东城乡居民体育消费意识不断增强，在健康、休闲等方面的需求呈爆发式增长态势，参与体育已成为人民对美好生活向往的基本需求，体育健身和体育消费潜力加快释放，体育消费市场不断提质扩容，对经济增长的贡献稳步提升，正成为推动经济增长的新动能。

一、强化顶层设计，推动体育产业高质量发展

山东省高度重视发展体育产业在惠民生、调结构、促发展中的积极作用，全方位落实消费促进措施，带动体育产业高质量消费供给扩容。山东省将体育产业增列为全省重点发展产业，参照新旧动能转换的十强产业，设立政府工作专班，成立山东省体育产业联合会、省体育产业集团、体育产业研究院，设立体育产业服务大厅和体育产业发展基金，并先后制定《山东省人民政府关于加快推进新时代社会主义现代化体育强省建设的实施意见》《关于促进全民健身和体育消费推动体育产业高质量发展的实施意见》《推动体育产业高质量发展若干意见》《山东省“十四五”体育产业发展规划》等，不断深化“放管服”改革，简化中小微服务型企业行政管理，降低各环节费用负担，对新业态、新模式消费领域加大减税力度，完善体育产业发展的体制机制。截至 2021 年 12 月，山东省体育市场主体已突破 4.3 万家，占全国体育产业法人单位数(45.2 万家)的 9.51%，体育产业法人单位数量居全国第 2 位。2021 年，全省体育产业总规模达到 3712.69 亿元，增加值为 1395.78 亿元；增加值占全省 GDP 的比重提升至 1.68%，居全国第 3 位。2015～2021 年，山东省体育产业增加值年均增长率为 14.90%，为全省国民经济发展作出了积极的贡献。山东省创办了“对话体育产业”栏目，第一时间解读体育产业政策，并对山东省优质体育产业资源进行推介，努力将体育产业打造成为山东省经济社会发展的重要增长极。

二、优化产品供给，深化供给侧结构性改革

习近平总书记在党的二十大报告中指出：“把实施扩大内需战略同深

化供给侧结构性改革有机结合起来。"[①]山东省长期坚持供给侧结构性改革，鼓励体育领域结合行业特点培育和壮大市场主体，通过创新发展体育服务业、优化升级体育制造业、重点培育数字体育产业、推进"体育＋"产业融合发展，构筑现代体育产业体系和市场体系。通过不断丰富体育产品和服务、改善体育产品品质、提升公共体育服务效能来优化体育产品和服务。加快发展体育竞赛表演、健身休闲产业，做大做强体育产业的本体产业；推动体育用品制造业转型升级，进一步发挥体育用品制造业支柱产业作用；加大体育设施供给，大力实施"体育＋"融合发展战略，深化体旅、体卫、体教以及数字体育发展。积极开展"体医"融合创新试点，探索构建运动促进健康新模式。深化体教融合，培养终生运动者。加强"体旅"融合，打造体育旅游精品线路、示范项目和示范基地创建，积极培育户外运动等消费引领性强的健身休闲产业项目。促进体育与养老、金融、会展、科技等多行业融合发展。促进消费新业态、新模式发展，扩大体育产品和服务的有效供给，拓展体育消费广度和深度。着力扶持、培育创新能力和竞争实力强的领航型体育企业、体育上市公司。扶持中小微体育企业发展，培育细分领域"专精特新""隐形冠军"和"瞪羚"企业。激发企业创新发展，提高体育产品和服务品质、提升公共体育服务效能，激发体育消费活力，推动体育产业高质量发展。

三、加大消费补贴，发挥政府资金的杠杆作用

山东省通过政府购买、发放体育消费券等方式，加大体育消费补贴力度，引导和刺激体育消费。积极开展体育消费季、举办各类体育消费券发放活动，以"临沂体博会、体育夜经济"为主的体育消费板块，"沿黄河、沿大运会、沿海、沿齐长城"四沿赛事等体育品牌赛事板块，以体育服饰、文创大赛为主的文化板块，纪念建党 100 周年板块，以及以体育微视频为主

---

① 习近平：《高举中国特色社会主义伟大旗帜　为全面建设社会主义现代化国家而团结奋斗——在中国共产党第二十次全国代表大会上的报告》，人民出版社 2022 年版，第 28 页。

的体育IP板块五大板块为载体，发放体育消费券。自2020年开始，开展山东省体育消费季活动，先后发放财政资金3800万元，发放范围涵盖体育健身服务类、体育培训类、体育金融保险类、体育赛事类、体育零售类、体育冰雪类、体育会展服务类，参与企业配套发放企业券。据统计，累计直接带动体育产业消费超3亿元，体育消费拉动比超过1∶8，间接带动体育产业消费超5亿元。2022年，以“唤醒城市·燃动新生”为主题，联合200家合作单位，消费券涉及体育场馆服务、体育培训、体育保险、体育健身等行业，并把常住人口、消费频次等数据作为体育消费券分配考虑因素，让财政补贴资金的配发更加科学、合理，让群众能就近享受优质的体育产品和服务。2023年统筹安排7000万元资金，支持开展“体育惠民消费季”活动，加快推进全民健身设施工程，推动120余个公共体育场馆向社会免费或低收费开放。供给侧纾解了企业的资金困境，需求侧撬动了更多人群参与体育消费，加强了运动类型的多样性与运动体验的丰富性，让更多的人在运动中体验快乐，进一步增强人民群众体育消费的热情。

四、激活生产要素，激发体育产业市场活力

自中央经济工作会议提出扩大服务业市场准入之后，逐步引导各类消费供给主体进入文化旅游、体育、健康、养老、家政和教育培训等重点服务消费领域，以改善优质服务供不应求的局面。山东省积极构建更加完善的要素市场化配置体制机制，提升要素市场化配置水平，有效激活包括人力资本、财政金融、体育产业用地、统计数据等在内的各类生产要素价值实现机制，激发体育产业市场活力。做好体育产业统计、体育标准化、产业人才培养等基础工作，引导各类生产要素向优势企业、重点领域集中，加快推进体育资源整合。在劳动力要素方面，着力畅通劳动力流动渠道，主办山东省体育类毕业生就业线上推介会，组织山东省内300余家体育企业和5所高校通过“云招聘”提供快捷高效的“互联网＋就业”服务，建立精准对接供需双方的“直通车”。

在体育场地设施要素方面，积极改善体育基础设施供给，盘活用好体育场馆资源，升级体育基础设施，用好各类资金支持各地体育基础设施建设，大力推进体育场馆低收费免费开放。组织实施公共体育场馆数字升级改造，建设全民健身智慧服务平台，绘制省市两级全民健身地图，提供场馆预订、健身指导、体质测评、赛事活动、器材报修等一站式服务。截至2022年年底，山东省拥有体育场地24.57万个。其中，篮球场地5.14万个，占20.92%；全民健身路径场地8.99万个，占36.61%：乒乓球场地2.46万个，占10.02%；羽毛球场地8467个，占3.45%；田径场地1.97万个，占8.00%；健身房1.14万个，占4.63%；足球场地8189个，占3.33%；排球场地8855个，占3.60%；健身步道6241个，占2.54%；游泳场地1062个，占0.43%；其他场地1.59万个，占6.46%。体育场地面积2.95亿平方米，山东省人均体育场地面积2.9平方米。其中，事业单位的体育场地1.31亿平方米，占44.56%；企业的体育场地4996.81万平方米，占16.95%；村委会的体育场地5900.72万平方米，占20.02%；居委会的体育场地2604.53万平方米，占8.84%；机关的体育场地1777.01万平方米，占6.03%；民办非企业单位的体育场地602.28万平方米，占2.04%；其他组织机构的体育场地458.35万平方米，占1.56%。山东省积极推进体育公园建设，全省已完成新建或改扩建高标准体育公园33个，完成率居全国前列。2021年，山东省体育场地和设施管理实现增加值24.85亿元，占体育产业增加值的1.78%，较2020年的18.84元，增幅达到31.9%。

在技术要素方面，坚定不移地把创新摆在发展全局的关键位置，根据山东体育工作实际，积极推进“十个创新”，加强体育产业发展规划编制及重点领域课题研究，与高校共建体育产业研究院，发挥高校智库作用，激发创新活力，提升创新效率。

在数据要素方面，将培育数据要素市场作为重要内容，从供需双侧开展专项统计，继开展体育产业专项统计后，连续3年开展山东省城乡居民体育消费调查，建立数据共享开放评估机制，研究制定政务数据共享开放评估指标，加快培育体育数据要素市场。有效激活了各类生产要素潜能，提升体育产业全要素生产效率，激发了体育产业市场活力。

五、搭建载体平台，拓展体育产业发展空间

山东持续探索“体育＋”多元业态，让体育成为拉动经济的新引擎。支持各地市加快体育综合体、体育公园、体育旅游示范基地、全民健身中心、户外运动公共服务设施等建设，先后成立黄河流域体育健康产业高质量发展共同体、大运河（山东）城市体育发展联盟、山东省体育产业发展集团，建设山东体育产业服务大厅，搭建资源交易、公共服务、推介会平台，举办胶东五市数字体育运动会，创办山东体育用品博览会，组织实施100家星级健身俱乐部、100个品牌赛事的“双百计划”。加强国家级和省级体育产业基地（园区）创建管理工作。打造德州、青岛、威海等体育制造业聚集区，创建国家级体育产业基地25个。

深化体旅融合。与文旅等多部门联合打造“好客山东、健游齐鲁”全域体育旅游品牌，深化体旅融合发展。重点打造国家级体育旅游精品线路项目48个，省级项目64个，数量居全国前列。支持打造体育技术创新中心和创新创业共同体等高端创新平台。积极推动体育产业重点领域品牌化建设，《山东省体育精品赛事评选》鼓励各地主办、承办高端体育赛事，打造自主品牌赛事，形成“一市多品”“一县一品”的赛事格局，扶持有特色、有前景、有自主IP赛事活动，繁荣山东省体育竞赛表演市场，吸引更多群众前来观摩参赛，有效提升了举办地的体育消费水平。

深化体卫融合。打造体卫融合“山东样板”，评选了307个体卫融合试点项目，其中遴选出39个优秀项目；“体卫融合标准化试点”项目入选山东省标准化创新发展项目计划。举办山东省运动处方线上线下培训班。联合省卫生健康委打造全新健康科普融媒体栏目《体卫融合“大家”谈》。

深化体教融合。加强全省大中小学体育联赛工作，每年举办足球、篮

球、排球、乒乓球、羽毛球、田径、游泳等 7 个项目的学校联赛，年度参赛学生超过 15 万人；常态化举办“奔跑吧 · 少年”主题健身活动，年均参与人数近 70 万人。高度重视并持续加强青少年后备人才培养工作，创建国家级后备人才基地 35 个，在训青少年运动员 4.8 万人，均居全国首位。深化体卫融合，联合卫健等部门启动体卫融合试点项目 304 个，总结形成体卫融合 6 大发展模式，创新开展“关注青少年脊柱健康联合行动”，1.1 万名青少年从中受益。深化体旅融合，推动项目升级，拓展体育旅游发展空间。体育消费基础设施建设为扩大经营规模、提高供给质量、促进消费升级等提供了有力保障。

大力推进体育+文化产业发展。举办首届体育文化产业大会，组建全省体育博物馆联盟，不断加强齐鲁体育文化弘扬传播。促进体育文化“两创”转化，践行山东文化“两创”方针，打造体育“山东手造”品牌，与省文旅厅联合举办山东体育文化创意与设计大赛。与山东大众报业、省体育产业联合会等单位联合举办山东省体育影像大赛，传递山东体育声音，讲述山东体育故事，提升山东体育的影响力、感召力、创新力。

六、优化消费环境，规范体育市场发展秩序

顺应居民消费升级趋势，加快完善促进消费体制机制，积极改善消费环境，健全标准、加强监管、保障消费者权益，营造消费者安心、放心的消费环境。加强市场监管和综合执法，印发《山东省体育类校外培训机构设置规定（暂行）》的通知，加强对体育教育培训市场的监管，推动体育教育培训市场繁荣健康发展。推行黑名单制度，要求市场主体诚实守信、公平竞争，履行安全质量、消费者权益保护方面的法定义务，政策环境持续优化。建立产品追溯等机制，打击假冒伪劣、坑蒙拐骗、泄露消费者隐私等行为，利用网络、广播电视等进行消费投诉信息公示，充分发挥媒体监督功能，加大对违法行为的曝光力度，加强对消费者权益的行政保护，营造良好的消费环境。强化标准规范建设，主导国家标准 1 项、归口发布地方

标准26项，充分发挥了标准化在推动体育产业高质量发展中的基础性、战略性和引领性作用。这些政策的发布为体育产业发展和体育消费市场的提质扩容创造了更为优越的发展环境。

七、点亮夜间经济，激活城市体育消费潜能

关注和鼓励夜间经济发展，推动培育夜间消费市场。作为城市经济的重要组成部分，夜间经济繁荣程度被看作一座城市经济便利度和活跃度的晴雨表。数据显示，我国有60%的消费发生在夜间。进一步扩大内需，夜间经济是备受关注的发力点。山东省各地市积极鼓励打造夜间体育消费场景，鼓励主要商圈和特色商街与体育、休闲等相互融合，加快完善夜间经济消费基础设施，持续培育吃、住、行、游、购、娱、康、演等夜间消费业态，营造夜间消费氛围，适当延长营业时间，开设深夜营业专区，提高夜间经济活跃度。国家体育消费试点城市日照以“乐享体育，健康生活”为主题，围绕重要时间节点、重大赛事、重点人群，开展“喜迎省运”“爱上网球”“感知水运”“欢乐冰雪”“乐游日照”“夜动全城”“责任体彩 公益惠民”“活力工会 运动健康”等十大系列主题，旨在为日照市民提供优质丰富的体育消费产品和服务，进一步丰富日照市民的体育生活。青岛市出台了《关于推动夜间经济发展的意见》，通过建立夜间经济发展协调机制及“夜间区(市)长”“夜间片长”“夜间街长”和“夜生活首席执行官”制度，构建形成购物休闲、特色餐饮、文体娱乐、演艺体验、观光旅游五位一体的夜间经济新模式，通过“夜健身”拉动青岛夜经济。系列活动的开展，助力了城市与夜间体育消费的深度融合，助推了体育消费的发展，焕发了城市活力。

八、发展数字体育，引领体育产业数字化转型

数字经济正成为驱动体育消费升级的关键变量和重要着力点，在释

放消费活力、推动消费升级、创新消费模式方面发挥着越来越重要的作用。2021年国家体育总局发布的《“十四五”体育发展规划》指出:“数字体育是指应用数字技术促进体育发展的实践活动,主要包括体育领域的数字政府治理、全民健身数字化、运动训练数字化、体育竞赛数字化、体育产业数字化等。”山东省大力发展数字体育,通过完善“互联网+”消费生态体系,支持线上平台经济发展,鼓励建设“智慧商店”“智慧街区”“智慧商圈”,丰富智能体育产品供给,促进线上线下互动、商旅文体协同,促进消费新业态、新模式、新场景的普及应用,创新全民健身公共服务模式,完善“互联网+健身”“物联网+健身”。培育壮大“互联网+体育”,在体育系统加快普及“山东通”系统应用,推动体育服务事项网上办、掌上办,提升体育领域“互联网+监管”的能力。支持市场主体在制造、服务、传播、消费等方面的数字化、网络化进程,拓展在线健身、网络赛事、线上培训等数字体育生活新图景,打造传统的线下实体与线上经济深度融合,延伸线上线下体育消费场景。越来越多的体育用品制造龙头企业着力提高生产过程与终端产品的智能化水平。2023年4月,工信部办公厅和国家体育总局办公厅公布了《2022年度智能体育典型案例名单》,山东省推送的《智能体测一体机》《青岛西海岸新区双语小学AI智慧操场》《基于大数据的职业足球比赛管理系统》《浪潮智慧游泳馆解决方案》《英派斯智能体育公园解决方案》《城阳区社区智慧体卫融合解决方案》等6个项目分别上榜智能体育产品、智慧体育场馆解决方案和智能户外运动设施解决方案,对进一步促进智能体育发展起到了积极作用。

创新无接触消费模式,探索智慧超市等新零售业态,推广在线开放课程、互联网诊疗等新服务,加快实体零售数字化转型,促进消费新业态、新模式、新场景普及应用,推动体育消费新模式有序健康发展。

第二节　山东省体育消费提质扩容的建设成效

随着全民健身、健康中国等国家战略的实施以及系列推动体育消费政策措施的落地见效，居民不断重塑健康理念，逐渐认同体育文化，越来越多的人将经常参与体育健身活动作为生活、社交的重要组成部分，体育消费在居民日常消费中占比稳步提升。

一、体育消费基础不断夯实

2022 年，是党的二十大胜利召开之年，是“十四五”规划实施的关键之年，也是山东省新旧动能转换“五年取得突破”的决战之年。全省经济总体呈现承压而上、稳中向好、进中提质的良好发展态势，山东省实现地区生产总值 87435.1 亿元，比上年增长 3.9%。2022 年全省居民人均可支配收入 37560 元，居民人均消费支出 22640 元。体育设施不断完善升级，共有体育场地 24.57 万个，全国排名第五位；人均场地面积 2.9 平方米，高于全国 1.86 平方米的平均水平，全国排名第四。“经常参加体育锻炼人数”占总人口比例为 40.5%，超过全国平均 37.2%的发展水平。

山东省高度重视体育产业在促进经济发展、优化产业结构中的重要作用，将体育产业增列为全省重点发展产业，参照新旧动能转换的十强产业，设立政府工作专班，成立山东省体育产业联合会、省体育产业集团、体育产业研究院，设立体育产业服务大厅和体育产业发展基金，大力发展体育产业。截至 2021 年 12 月，山东省体育市场主体已突破 4.3 万家，占全国体育产业法人单位数(45.2 万家)的 9.51%，体育产业法人单位数量居全国第 2 位。体育产业总规模不断攀升，形成了以龙头企业为引领、高新技术企业为支撑、科技型中小企业为基础的企业集群。全省体育产业总规模达到 3712.69 亿元，增加值为 1395.78 亿元；增加值占全省 GDP 的比重提升至 1.68%，对全省 GDP 的贡献不断提升，体育产业增加值占 GDP 比重居全国第 3 位。“十三五”以来，比较山东省宏观经济和体育产业发展的总体发展状况，可以发现，全省体育产业增加值增速远远高于同期全省 GDP 的发展增速，详见图 3-1。

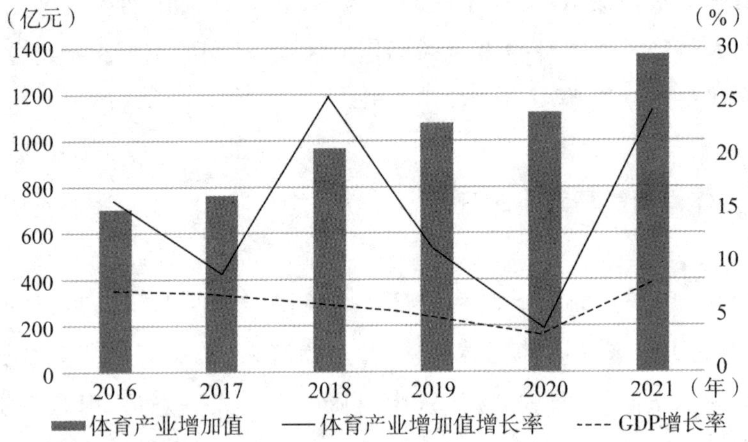

图 3-1　2016～2021 年山东省体育产业发展状况

二、体育消费水平稳步上升

随着“健康中国”国家战略的深入实施，基于对健康理念的重塑、对体育文化的认同，越来越多的人将经常参与体育健身活动作为生活、社交的重要组成部分，居民体育参与日益增长。山东省坚持推动全民健身场地设施的建设和提挡升级，满足公众健身的场所需求，打造好老百姓家门口的运动场所，实现“处处能健身”“人人享健身”的人性化运动环境，居民健身意识增强，全民健身热情高涨。目前，青少年、女性、老年群体逐渐成为我国体育消费市场的主力军。女性群体独立自主意识及关注自身健康状态并认可体育运动是保障自身身体机能正常运转途径意识在不断提升。青少年群体逐渐养成热爱体育运动的习惯并掌握运动技能，经常参加体育锻炼。老龄化社会加速演进，老年体育基础设施不断完善，参与体育锻炼的老年群体持续增加。体育市场主体将更加聚焦女性、青少年及老年人群体，体育市场将为其提供更加多元化的体育产品和服务。

体育消费是指政府、法人单位和消费者为满足体育需求，购买体育产品和服务的行为。本书研究分析的主要是居民体育消费，是指在一定时期内居民用于购买体育产品和服务的支出，一般用价值(货币)单位来表示。体育消费水平是指按一定人口平均的体育实物消费资料和体育服务消费资料的消费数量，反映了一定时期内人们体育消费需要的实际满足程度，是衡量一个国家或地区体育产业规模、结构、质量和效益的核心指标，也是全面建设体育强国的重要维度和推动体育与经济社会协同互益发展的重要方面。

(一)山东省城乡居民体育消费整体水平

体育消费随着体育产业高质量发展主题的持续推进以及健康中国、体育强国强省战略的深化落实，人民群众将更加注重品质化的体育生活，体育需求和消费日趋多元化。体育消费作为新的消费领域，其市场潜力正在逐步释放和凸显，民众体育消费支出不断增加。尤其随着经济社会发展和居民可支配收入的不断增加，以及山东省蕴藏的体育人口增量红利，为体育消费市场的持续增长提供了基础动力。2021 年山东省居民人均消费支出大幅上升，从 2020 年的 20940 元上升至 2021 年的 22821 元，增长 9.0%。2022 年受疫情影响，居民人均消费支出略有下降，为 22640 元，降幅 0.8%。山东省城乡居民体育消费调查组的调查数据显示，2022 年山东省城乡居民人均体育消费支出为 2163.81 元，相较 2021 年的 2090 元增长了 3.5%。按照 2022 年山东省常住居民 1.02 亿人的规模测算，全省体育消费规模达到 2207 亿元，相较 2021 年的 2131.8 亿元增长了 3.53%，详见图 3-2。居民人均体育消费支出占当年全省居民人均可支配收入的 5.76%、人均消费支出的 9.55%。山东省体育消费规模约占全国 2 万亿市场规模的 10.6%左右，略低于同年山东省体育产业总产出 3712.69 亿元占全国 31175 亿元 11.9%的比例。2022 年山东省居民体育消费相较消费支出呈现较快增长速度，体育消费水平稳步提升，远高于 2020 年全国人均体育消费支出 1330 元的平均水平。

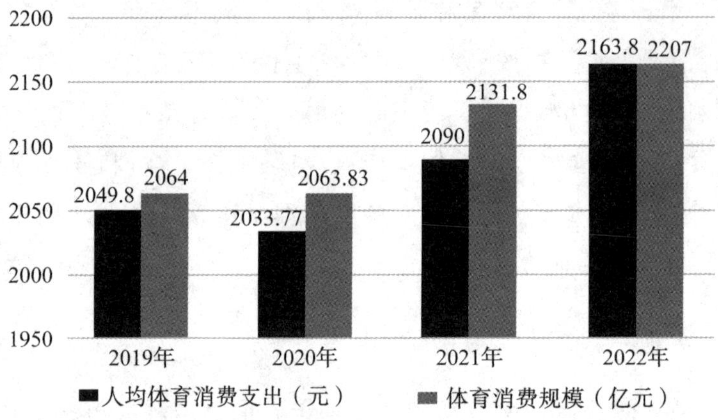

图 3-2 2019～2022 年山东省城乡居民体育消费水平与规模情况

2022 年，山东省居民人均体育消费支出不仅高于全国人均体育消费支出水平，也高于山东省居民同期人均生活用品及服务消费支出。

（二）山东省不同群体居民体育消费支出

1. 山东省城乡居民体育消费情况

截至 2022 年年末，山东省常住人口 10162.79 万人，常住人口城镇化率为 64.54%。全省城市居民人均体育消费支出为 2301 元，农村居民人均体育消费支出为 1791 元，详见图 3-3。

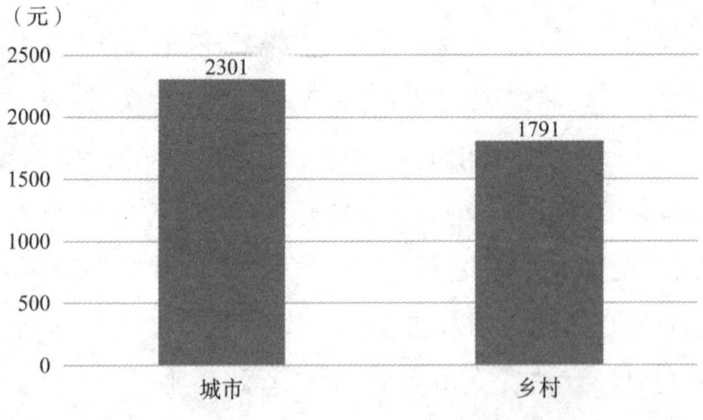

图 3-3 2022 年山东省城乡居民人均体育消费支出情况

2. 不同年龄居民体育消费情况

体育消费需求属于居民较高层次的消费需求，它通常与消费者的价值观、审美观密切相关。不同年龄层次的消费者由于经历、阅历等存在显著差别，体育消费的内容、层次及重要程度也大相径庭。前期研究数据表明，体育消费的主体是年轻群体，其中学生群体与上班族群体对体育消费比较热爱，愿意花费大量的时间、精力与财力进行体育消费。通过对山东省不同年龄城乡居民年体育消费金额差异性调查可知，23～34 岁的居民年体育消费金额最高，体育消费支出为 2485.5 元；其次依次为 35～60 岁的 2374.5 元、13～22 岁的 2111.5 元、6～12 岁的 1890.8 元、60～70 岁的 1027.5 元，详见图 3-4。

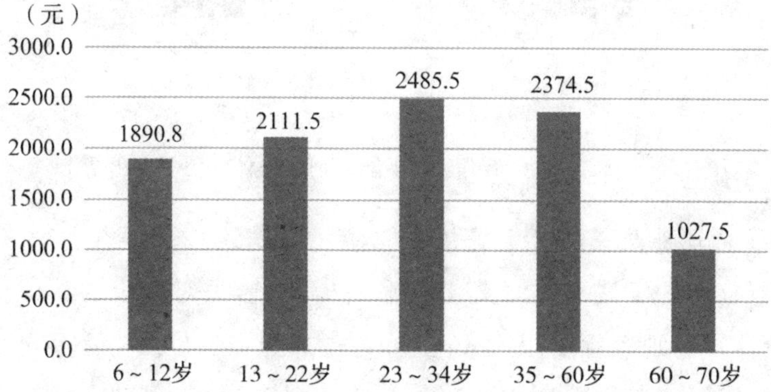

图 3-4　2022 年山东省不同年龄居民体育消费支出情况

3. 不同性别居民体育消费情况

多数研究表明不同性别人群在体育消费过程中呈现一定的差异性，而本研究的实证调查也显示，不同性别在体育活动参与、运动项目选择上，具有较大差异。女性在家庭成员体育活动方面往往处于较为被动的地位，这也决定了不同性别群体在体育消费行为上具有不同特征。男性往往是体育消费的绝对主力人群。通过对山东省不同性别城乡居民年体育消费金额差异性调查可知，2022 年男性居民人均体育消费支出为 2403 元，女性居民体育消费支出为 1894 元。男性居民体育消费支出高于女性居民，主要是由于女性对于大众体育运动的积极性要明显低于男性，因此其体育消费相对也较少。女性用户消费购买力大幅提升，正在缩小与男性用户体育消费的市场占比差距，男女性别体育消费差距已由 2021 年的 617 元缩小至 2022 年的 509 元，详见图 3-5。

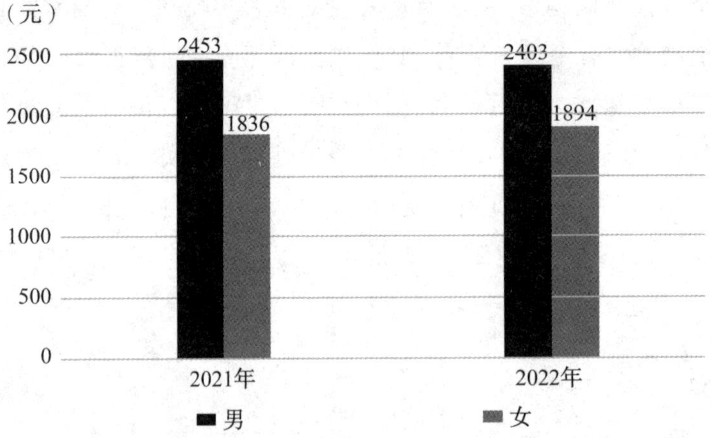

图 3-5　2021～2022 年山东省不同性别居民体育消费支出情况

4. 不同职业居民体育消费情况

随着社会的发展和人们文化水平的提高，居民对健康的认识更加准确，健康体育的观念逐渐深入人心，体育正成为人们生活中必不可少的组成部分。居民对于体育关注度和参与度的提丌，也使得具在体育健身中的投入逐步增加。体育消费作为大众消费的一个方面，也受到不同职业消费文化差异的深刻影响。通过对山东省不同职业居民年人均体育消费支出差异性调查可知，不同职业城镇居民在选择具体体育消费内容时也会呈现明显区别。体育消费支出水平排在前三位的分别是企业在职人员、自由职业者和在校学生，体育消费支出分别为 2537 元、2300.2 元、2145.7 元。体育消费支出水平排在后三位是其他、政府机关在职人员、退休人员，体育消费支出仅为 1627.4 元、1788.7 元、1848.3 元。由此可见，不同职业的居民年人均体育消费支出有非常大的差异，详见图 3-6。访谈中发现，政府机关在职人员多因参与单位统一组织的体育活动，导致个人体育消费支出水平偏低。

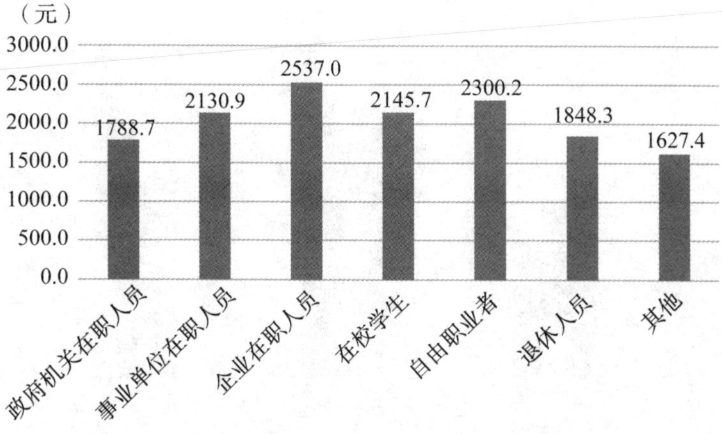

图 3-6　2022 年山东省不同职业居民体育消费支出情况

5. 不同学历居民体育消费情况

受教育水平决定了居民的文化素养和健康观念，也是影响居民体育参与、教育培训等体育产品及服务消费意愿的主要原因之一。受教育水平越高的消费者对自身生活质量的要求也会更高，体育消费恰恰是体现个人生活品味和社会地位的重要内容，属于满足人们较高层次需求的消费，人们的受教育程度对其个人价值观和消费观有较大的影响。受教育程度越高，其体育消费观念越强。此外，文化水平高的人，对新事物的接受能力更强，更容易认同新型的消费观念。具有更高教育水平的青年更加认同中产阶层的生活方式，因此在消费方式上也逐渐向他们靠拢，体现出较高的体育消费水平。同时，受教育程度越高的人群，参与性体育消费水平明显高于受教育程度较低的人群。通过对山东省不同学历居民年体育消费金额差异性调查可知，硕士研究生及以上学历的居民年均体育消费金额最高，为 2473.8 元，其次是大学本科学历的居民，年均体育消费金额为 2344.1 元，高中及以下学历年均体育消费支出为 1633.1 元，详见图 3-7。从统计结果来看，体育消费支出水平与学历成正相关关系，随着学历的增高，居民年均体育消费金额也随之增加。

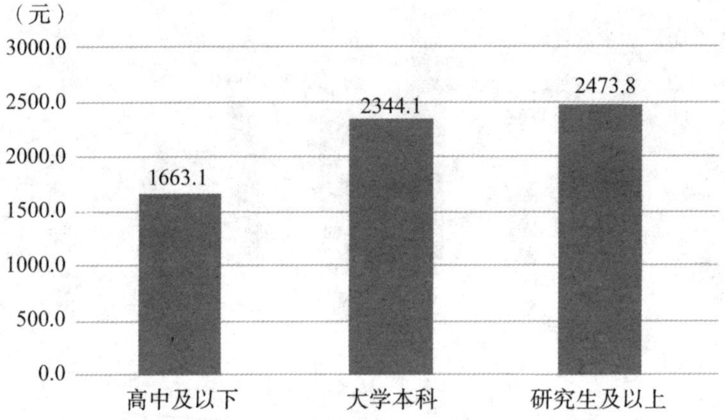

图 3-7　2022 年山东省不同学历居民体育消费支出情况

6. 不同收入居民体育消费情况

收入是居民体育消费的来源和基础，无论是凯恩斯的绝对收入消费函数理论、杜森贝利的相对收入消费函数理论，还是莫迪利安尼的生命周期消费函数理论，均强调了收入对消费的基础性作用。通过对山东省不同收入居民年体育消费金额差异性调查可知，体育消费支出与收入水平呈现正相关。不同收入的居民年体育消费金额具有显著性差异，其中年收入 50 万元以上的居民，年均体育消费金额最多，为 4430.2 元；其次为年收入在 30 万元至 50 万元之间的居民，年均体育消费支出金额为 3333.4 元；年收入在 20 万元至 30 万元之间的居民，年均体育消费支出金额为 3054.1 元。可以看出，收入对居民体育消费有非常显著的影响，随着收入的增加，居民年体育消费支出金额也呈现不断上升的趋势，详见图 3-8。

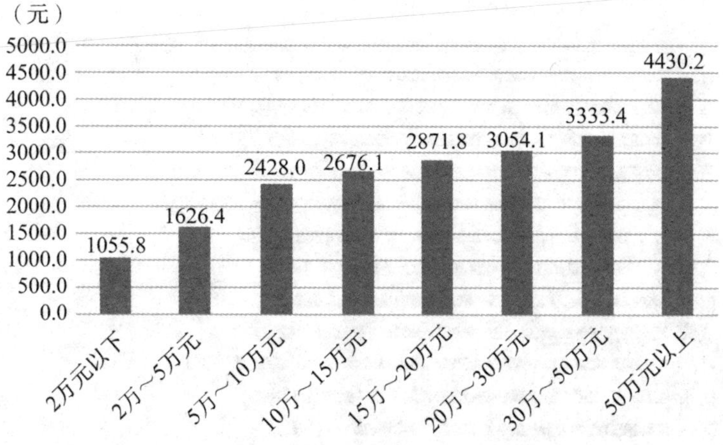

图 3-8　2022 年山东省不同收入居民体育消费支出情况

7. 不同地市居民体育消费情况

受社会经济发展水平、市场成熟程度、资源禀赋、体育消费意识等因素影响，山东省各地市人均体育消费水平呈现出显著的阶梯式分布格局。其中体育消费支出水平最高的是青岛市，为 3118.8 元；支出水平最低的是菏泽市，为 1767.8 元。在 16 地市中，济南、青岛、淄博、东营、烟台、威海、日照、泰安 8 个地市超过全省平均水平，呈现出典型的“东强、中平、西弱”的发展态势，详见图 3-9。

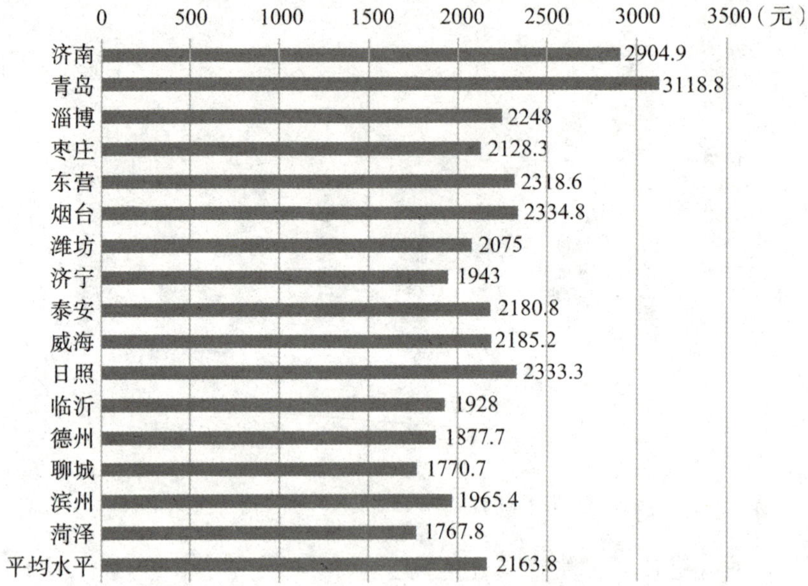

图 3-9　2022 年山东省不同地市城乡居民体育消费支出情况

8. 不同省市居民体育消费水平比较分析

体育消费水平是居民所能达到的并能维持的一种状态，反映了一定时期内人们实际消费的体育品数量的多寡和水平的高低。对不同地区体育消费水平进行考察与比较，有利于从宏观上把握不同地区居民的体育消费状况和差异。根据各省市公布数据来看，不同省市居民体育消费存在一定差异，不同省市居民体育消费支出水平基本与人均 GDP 排名一致。2022 年，江苏省居民体育消费支出为 2667 元，浙江省为 2835 元，上海市为 3436 元，详见图 3-10。

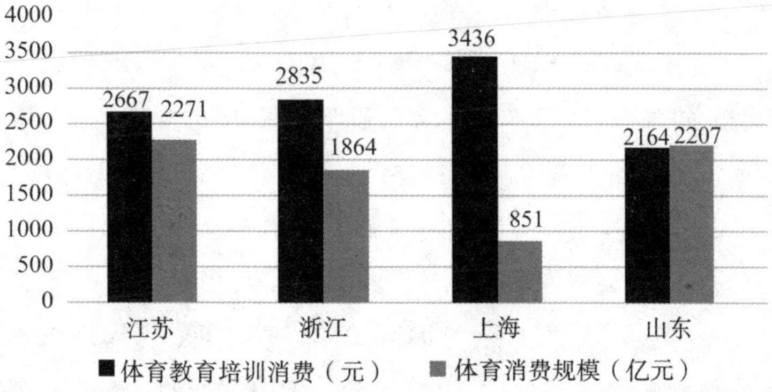

图 3-10　2022 年全国部分省市居民体育消费支出比较

三、体育消费结构日趋优化

体育消费结构是指人们在体育消费过程中的多种消费产品和服务的构成及比例关系，是反映居民体育消费质量变化状况以及内在构成合理化程度的重要标志。体育消费内容是反映消费者偏好的“指示器”，而体育消费结构则可以反映居民的消费内容、消费水平和消费质量以及居民消费需要满足的程度，也是社会生产目的实现程度、各项经济政策正确与否以及正确程度的反映。马克思在《剩余价值学说史》中对服务消费作了界定，认为服务消费是“在服务形式上存在的消费品”[①]。随着人均收入持续增长、商品种类和数量的增加以及居民消费观念和消费倾向的转变，服务型消费需求全面快速增长。根据国家统计局数据，2020 年我国居民服务消费在消费总支出的比重已达到 42.6%，居民消费结构持续向好。[②]

体育服务消费比重提升是消费升级的重要体现，服务性体育消费支出的占比情况对体育经济发展也具有重要的指向作用。全球知名投资银行摩根士丹利在《中国消费 2030 展望》报告中预计，未来十年，中国消费

① ［德］马克思：《剩余价值学说史》，人民出版社 1975 年版，第 503 页。

② 刘亦文、阳超：《城市让生活更美好——城镇化的有序推进与城乡居民消费升级》，《数理统计与管理》2023 年第 10 期。

市场变化的一个重要特征是服务类消费超过实物类消费。根据国家统计局数据，2022 年我国人均服务性消费支出为 10590 元，占居民人均消费支出的比重为 43.2%。2022 年山东省居民人均消费支出 22640 元，较 2021 年的 22821 元下降 0.8%；人均服务性消费支出 10075 元，较 2021 年 10413 元下降 3.2%，2022 年人均服务性消费支出占居民人均消费支出的比重为 44.5%。2022 年山东省人均教育文化娱乐消费支出为 2566 元，较 2021 年的 2729 元下降 6.0%。2021 年山东省居民恩格尔系数为 27.2%，已达到联合国划分的 20%～30%的富足标准，恩格尔系数连续呈现下降趋势。全省居民消费支出逐年增加的同时，消费结构也向更高层次提升，生存类消费支出比重下降，发展型和享受型消费支出比重明显上升。根据《体育消费分类统计办法（试行）》和《国家体育消费试点城市居民体育消费调查方案（试行）》，体育消费分为体育用品消费、健身休闲消费、体育观赛消费消费、体育保健与康复消费、体育参赛消费、体育教育培训消费、体育旅游消费、体育文化消费、体育彩票消费、健身软件 App 消费、其他体育消费 11 个类别。调查发现，2022 年山东省城乡居民体育服装、鞋帽以及运动器材和器械等实物人均消费支出 960.5 元，占体育消费支出的 44.39%，是体育消费的最主要支出，而体育服务消费占比则有待提高。由于受新冠疫情影响，近年居民进行体育健身、体育观赛等消费行为受阻。但居民体育消费的结构正在不断优化，多数居民的体育消费正从过去以体育服装、器材为主的“实物型消费”向以“体验型消费”为主转变，全省居民体育消费结构日趋优化，竞赛表演、健身休闲、体育培训、场馆服务等总规模占比均呈现上升趋势，大众健身服务型、活动型消费增势迅猛，消费支出增幅排前两位的分别是体育彩票和体育教育培训，较 2021 年分别增长 20.14%和 15.91%。体育科技、数字健身、体育纪念品等生产性服务业占比稳步增长，体育科技与知识产权服务、赛事纪念商品消费分别达到 145.75 元与 40.25 元。服务型体育消费支出已占体育消费总支出的 55.61%。服务型体育消费支出中，体育旅游消费支出为 395.6 元、体育健身休闲消费支出为 228.9 元、体育教育培训消费支出为

226.5 元和体育彩票消费支出为 197 元，支出最少的是其他类体育消费支出，仅为 8.68 元，详见表 3-1、图 3-11。未来，伴随居民体育意识的增强以及体育消费环境的改善，居民体育消费结构还将得到进一步优化。服务消费占比不断提高，居民消费结构由实物消费向服务消费转变，消费升级趋势明显。

表 3-1　2022 年山东省城乡居民不同体育消费类别人均支出情况

体育消费类别	体育消费细项	消费支出(元)	占体育消费支出比例	排序
实物型	体育用品	960.5	44.39%	1
服务型	体育健身休闲	228.9	10.58%	3
	体育参赛	12.78	0.59%	9
	体育保健与康复	21.2	0.98%	8
	体育观赛	68.2	3.15%	6
	体育教育培训	226.5	10.47%	4
	体育旅游	395.6	18.28%	2
	体育文化	40.3	1.86%	7
	健身软件 App	4.4	0.2%	11
	其他类	8.68	0.4%	10
博弈型	体育彩票	197	9.10%	5

图 3-11　2022 年山东省城乡居民体育消费结构

(一)体育用品消费

体育用品是居民参与体育活动的基本物质保障。体育用品消费是指城乡居民个人和家庭在进行体育教育培训、竞技运动训练和体育健身休闲的过程中购买的相关物品的支出,主要包括运动器材、器械支出,运动服饰、鞋帽袜支出,户外运动休闲用品支出,智能体育装备支出等。体育用品制造业是体育产业的支柱性产业,往往占到体育产业总规模的半数左右。2021年,全国体育产业总规模为31175亿元,其中体育用品及相关产品制造业总规模为13572亿元,占体育产业总规模的43.5%。同年,山东省体育产业总规模为3712.69亿元,体育用品及相关产品制造业总规模为1842.53亿元,占全省体育产业总规模的49.63%。

根据国家体育总局《体育消费统计分类办法》,实物型体育用品消费包括运动器材、器械的支出,专项运动用品的支出,运动服饰、鞋帽袜的支出,运动护具支出,运动康复用品支出,运动车、船、航空器支出,户外运动休闲用品支出,其他体育用品支出,体育用品维修费用支出。统计结果显示,体育用品消费是体育消费的主要消费内容,2022年山东省城乡居民人均体育用品消费支出为960.5元,占体育消费支出的44.39%,与体育用品及相关产品制造业在体育产业总规模中的占比基本吻合。体育用品消费中,运动服饰、鞋帽袜的支出最高,为469.48元;其次是运动器材、器械支出和户外运动休闲用品支出,分别为244.15元和105.47元。智能体育装备也得到消费者青睐,2022年居民智能体育装备消费支出141.39元,详见图3-12。

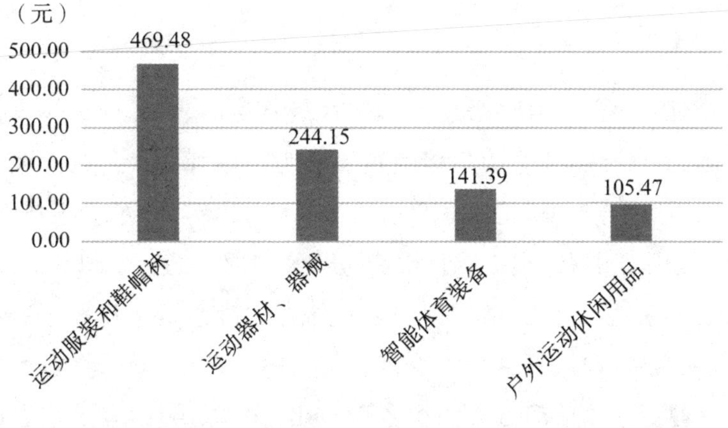

图 3-12　2022 年山东省城乡居民不同类别体育用品消费支出情况

(二)体育旅游消费

体育旅游是体育与旅游相结合的健身方式。体育旅游消费是指居民以体育运动为核心,以现场观赛、参与体验及参观游览为主要形式,以满足健康娱乐、旅游休闲为目的的消费活动的费用支出,强调体育的源发性消费,以及食、住、行、游、购、娱等必要的伴随性消费,主要包括体育活动本身的游览、娱乐、研学支出,餐饮、住宿、出行、购物、其他消费支出。随着国民休闲体系的形成,大众的休闲旅游消费观念越来越强,使得旅游产品向休闲、运动等多个方向发展,旅游者从传统的观赏型旅游向参与体验型旅游发展,要自身参与到旅游项目中,促进身体健康,加强体育锻炼。国民在全国节假日以及周末来临之时纷纷选择外出旅游,形成全民体育旅游热。调查发现,体育旅游消费正成为山东省城乡居民体育消费的新趋势,成为继体育用品消费后的第二大消费支出。2022 年,全省城乡居民人均体育旅游消费支出 395.6 元,占人均体育消费支出的 18.28%。通过体育活动本身游览、娱乐、研学,有效撬动了体育旅游中的餐饮、住宿、出行、购物和其他消费支出。

（三）体育健身消费

体育健身休闲是社会公众参与体育最直接的领域，既是体育产业的核心和基础，又是体育全面发展的重要动力。体育健身休闲产业是体育产业的本体、核心产业，是以体育运动为载体、以参与体验为主要形式、以促进身心健康为目的，向大众提供相关产品和服务的一系列经济活动，具有较强的关联性，经济带动作用明显。体育健身消费是指普通居民为了增强体质、娱乐身心、强身祛病等目的，以各种身体活动或练习为主要表现形式的健身娱乐活动方面的服务性支出。除旅游性（非定居者的旅行和暂时居留）健身休闲活动引致的费用支出外，还包括会费支出、场租费支出、体育保健与康复服务消费支出。

国家体育总局和国家发改委联合印发《进一步促进体育消费的行动计划》的通知，指出要大力发展健身休闲消费，重点支持消费引领性强的健身休闲项目发展，推动水上运动、山地户外、航空运动、汽摩运动、马拉松、自行车、击剑等运动项目产业发展规划的细化落实，形成新的体育消费热点。调查结果显示，2022 年全省城乡居民人均体育健身休闲消费支出 228.8 元，占人均体育消费支出的 10.58%。其中，会费支出 152.9 元，场租及相关器材租赁费支出 75.9 元。

（四）体育教育培训消费

体育教育培训消费是指居民接受体育相关专业学历教育所支付的最基本的教育支出，以及基本教育之外的运动技能培训费、考试费和咨询费等扩展性、选择性消费支出，主要包括体育学历教育消费、非学历体育技能培训消费、取得体育职业资格的消费、体育咨询服务消费支出。在体教融合、普职融通、教育评价整体改革的大背景下，体育技能培训、体育职业培训、体育学历教育蕴含无尽商机，体育教育培训迎来新的发展机遇，体育教育培训产业快速发展。越来越多的家庭认知到了“体育育人”的意义，加之庞大的潜在受教育人口基数，决定了体育教育培训市场的广阔空间。受突发新冠疫情影响，2020 年全国体育产业总产出和增加值均出现不同程度的下滑。国家统计局公布的数据显示，2020 年体育教育与培训产业逆势发展，全国体育教育与培训产业增加值增长 5.7%。

随着“体教融合”“普职融通”“体育产业”等国家战略的出台以及《深化新时代教育评价改革总体方案》的深入实施，体育教育与培训市场需求空前旺盛，大量社会资本纷纷涌入体育培训蓝海，为体育教育培训市场发展奠定了基础，现已逐渐形成政府、社会和市场多元参与的发展格局。体育教育与培训产业也成为体育产业中发展增速最快的业态。在此背景下，山东省城乡居民体育教育与培训消费支出也快速增长，2022 年人均体育教育与培训消费支出 226.5 元，较 2021 年人均消费支出 195.39 元，增长 15.9%，详见图 3-13。

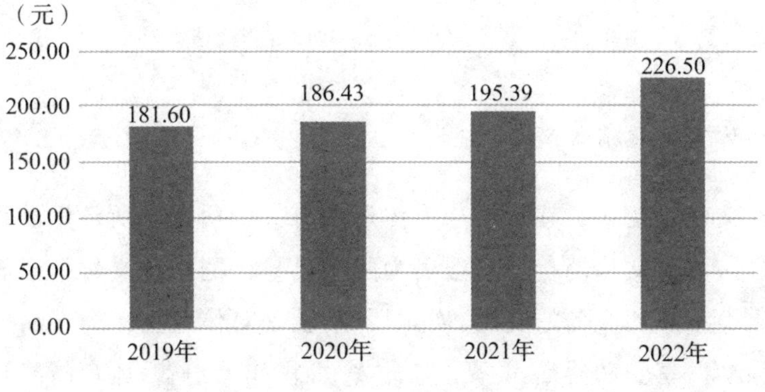

图 3-13　2019～2022 年山东省城乡居民体育教育与培训消费支出情况

（五）体育彩票消费

体育彩票是为筹集体育事业发展资金发行的，印有号码、图形或文字，供人们自愿购买并按照特定规则获取中奖权利的书面凭证。体育彩票消费是居民在购买体育彩票时的消费支出。山东省是全国体育彩票销售大省，2022 年山东省共销售体育彩票 200.95 亿元（见图 3-14），筹集公益金 47.89 亿元，销售额占全国 4246.52 亿元的 4.73%。山东省体育彩票销售额落后于广东、江苏、浙江，居全国第四位。按照 2022 年山东省常住人口 1.02 亿人核算，城乡居民年人均体育彩票消费支出为 197 元，较

2020 年的 163.97 元增长 20.14%，成为体育消费中增幅最大的消费项目。

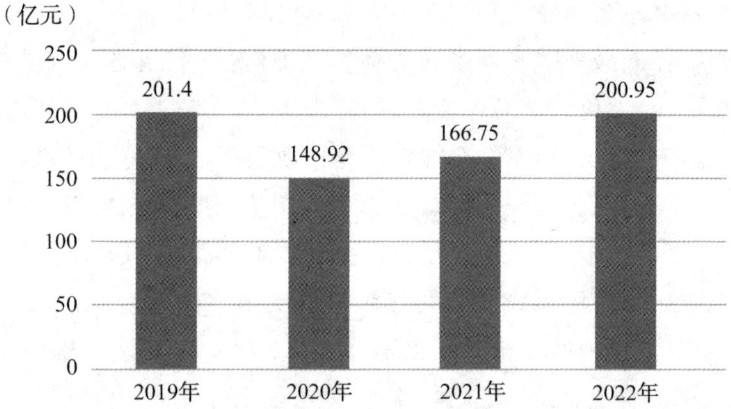

图 3-14　2019～2022 年山东省体育彩票销售额

（六）体育文化消费

体育文化是指人类在从事与人体运动有关的活动中所产生的物质与精神财富。体育文化消费是指居民为了满足自己的精神文化生活而消费体育文化类产品和服务的支出，换句话说，就是对体育文化类产品及服务的占有、欣赏、享受和使用，主要包括体育影视作品消费、体育新闻和出版物消费、展览创意类体育文化产品和服务消费、数字体育内容的产品和服务消费和其他体育文化消费。

体育文化消费会影响居民体育价值观念、审美意识、体育活动质量，在体育消费中具有不可替代的作用。2022 年，山东省城乡居民人均体育文化消费支出 40.3 元，占体育消费总支出的 1.86%。主要包括大型体育赛事纪念品、体育文化创意和体育收藏品等内容。

（七）体育观赛消费

体育竞赛表演产业是体育产业的本体、核心产业，表现为体育竞赛表演组织者为满足消费者运动竞技观赏需要，向市场提供各类运动竞技表演产品而开展的一系列经济活动。发展体育竞赛表演产业对挖掘和释放消费潜力、保障和改善民生、打造经济增长新动能具有重要意义。体育观赛消费是指居民购买门票或支付订阅费，通过观看、欣赏各种体育比赛，以达到视觉和心理满足的各种消费支出，主要包括体育赛事门票、体育赛事节目订阅。门票收入、电视转播权销售、商业赞助，是体育赛事活动的最主要收入来源。但目前国内体育竞赛表演产业发展存在有效供给不充分、总体规模不大、大众消费不积极等问题。为破解上述难题，2018 年国务院办公厅印发《关于加快发展体育竞赛表演产业的指导意见》，加快体育竞赛表演产业发展。山东省作为体育强省，近些年通过设立体育产业发展引导资金，率先在全国开展省级精品赛事评选，积极引进和培育具有时代特色的体育赛事，体育赛事项目种类丰富齐全，赛事数量、赛事级别等明显提升。2019 年，全省共举办各级各类赛事 2205 场，其中省级及以上赛事 881 场，国际赛事 115 场，体育竞赛表演产业发展增速显著。

调查结果显示，2022 年山东省城乡居民人均体育观赛消费支出为 68.1 元，仅占体育消费总支出的 3.15%。其中，体育赛事门票消费 53.8 元、体育赛事节目订阅 14.3 元，详见图 3-15。体育观赛消费支出与体育竞赛表演产业的本体、核心产业地位相比，有很大差距，居民体育观赛消费尚待挖掘。

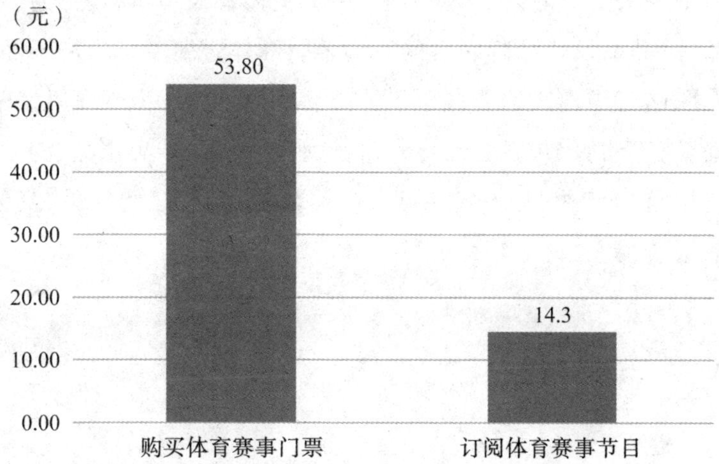

图 3-15　2022 年山东省城乡居民人均体育观赛消费支出情况

(八)其他体育消费

其他体育消费是指除上述消费外的其他体育消费支出，主要包括互联网健身App、体育保险服务、其他体育信息服务以及其他未列出的体育消费项目。调查结果显示，山东省城乡居民人均其他体育消费支出为13.8元。

四、体育消费升级趋势明显

随着科技的不断发展和社会的进步，推动居民消费步入“品质时代”。消费升级已经成为当今社会的一种普遍趋势，体育消费也成为满足人们美好生活需要的重要内容。体育消费升级指的是消费者对于体育产品和服务的需求，从“物质型”需求转向追求更高品质、更个性化、更有体验感的“品质型”消费，主要表现为体育消费水平升级、体育消费方式升级与消费主体升级三个层面内容。

体育消费水平升级主要指消费者消费对象更加多元化，更加追求品质，出现了新的消费热点。体育实物消费是体育产业爆发、大众体育人口扩张之后最大的受益者，如运动鞋服、可穿戴体育设备等。各类文娱明星同款潮品、单品以及跨品牌联名的运动鞋服和体育装备需求的不断上升，依靠于互联网营销模式的开拓创新。以体育用品为例，体育用品消费包含了运动鞋、运动服饰、健身器材和器械、智能设备、球类用品、游泳用品、运动康复用品、运动护具、垂钓用品、户外装备、骑行运动用品、其他等各类用品的消费情况，见图3-16。

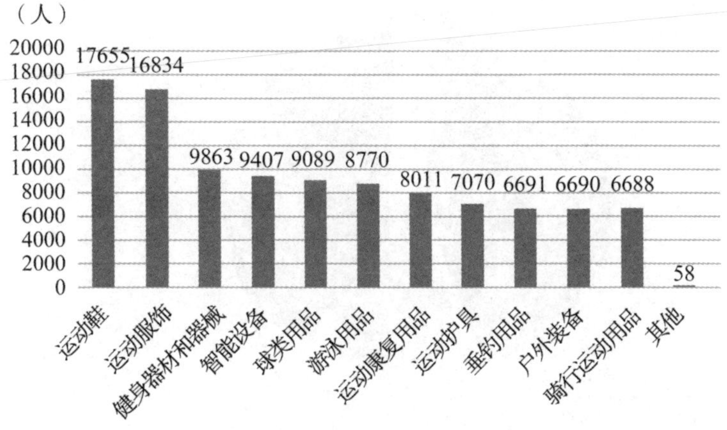

图 3-16　2022 年山东省居民不同体育用品消费人数统计

在关于“进行体育用品消费时更看重什么”的调查中发现，19％的调查对象将“质量”作为体育用品消费的首选项。有 12.2％的调查对象将“品牌”列为主要因素，详见图 3-17。

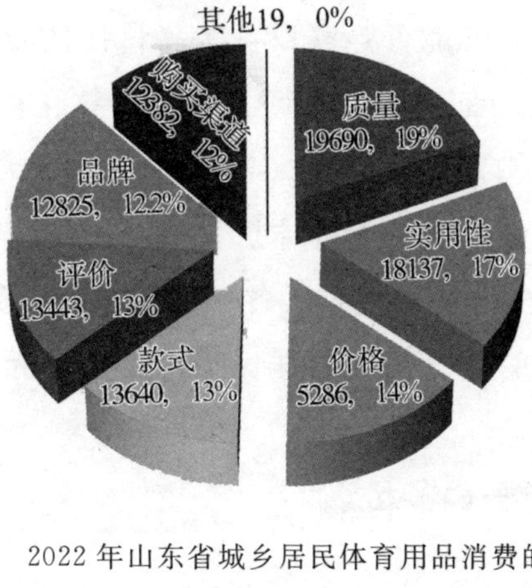

图 3-17　2022 年山东省城乡居民体育用品消费的影响因素

在关于“选择培训机构时主要关注事项”的调查中发现，15％的调查对象将培训机构的“环境设施”作为选择体育教育培训机构时的首选项，详见图 3-18。

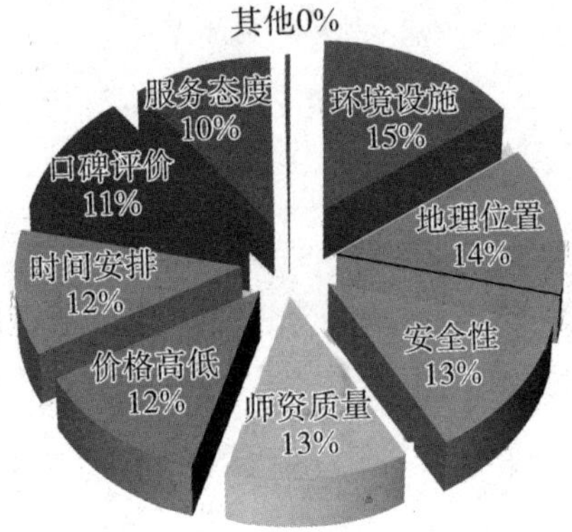

图 3-18　2022 年山东省城乡居民体育教育与培训消费的关注事项统计

体育消费方式升级主要指消费者在传统线下消费的基础上出现了消费场景、线上消费等形式。各类智能运动装备、可穿戴式运动设备等层出不穷，正是基于新技术的应用，这说明科学技术的发展正在从供给端推动体育消费规模、质量的提升。体育产品依托互联网“智造”被注入大量科技元素，智能健身器材、智能可穿戴设备等高科技体育产品层出不穷，传统体育服务业发生重大变革，体育消费产品的科技化程度越来越高，以适应新时代大众消费结构升级需要。

体育消费主体升级指消费者群体扩大以及下沉，消费者需求得到满足。调研发现，体育消费主体涵盖了各年龄段人群，覆盖了城乡的各职业、各学历人群。2022 年，全省乡村居民平均体育消费支出为 1791 元。

五、体育消费方式日趋多元

体育消费方式是指消费者购买和享用体育产品和服务的途径、手段和方法。受新冠疫情影响，以线下体验、实地参与为主的消费方式受到较大冲击，而随着移动互联网的普及、物联网技术的广泛应用以及数字经济的快速发展，拓宽了居民线上消费的渠道和场景。各电商平台积极应对新场景、新环境的挑战，顺应新时代消费者的消费喜好、消费习惯和消费需求的改变，增加线上产品和服务的有效供给，花式促销激发消费热情。整体来看，电子商务在扩内需、稳外贸、深化国际合作等方面发挥积极作用，持续满足消费者多元化、个性化的产品需求。在此背景下，“线上＋线下”融合的消费方式也成为新的发展趋势。调查发现，2022 年 56.6％的山东省居民采用“线上＋线下”相结合的方式进行体育消费，成为城乡居民体育消费的主要方式和重要渠道，详见图 3-19。

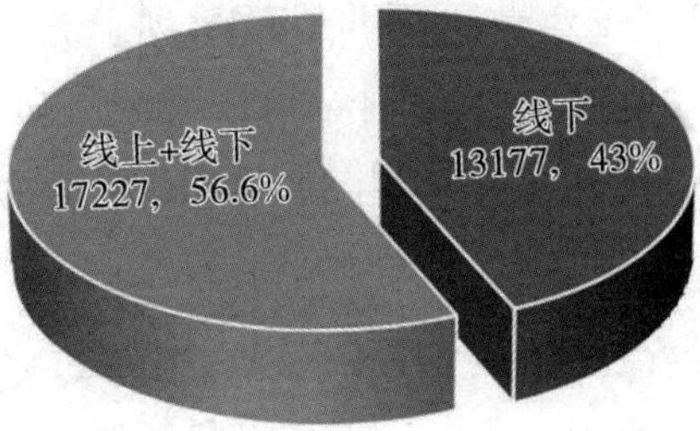

图 3-19　2022 年山东省城乡居民体育消费方式统计

六、户外运动消费蓬勃兴起

近年来，户外运动已成为越来越多人的休闲新选择，成为一项解压的时尚休闲运动。全国户外运动爱好者已达 1.3 亿人，户外用品销售火爆，生产供不应求。据统计，2022 年“双 11”促销活动，千余个品牌旗下的户外品类产品销量全面上升，在促销活动开始后 10 分钟就实现了成交额同比成倍增长。在京东平台，2023 年前 8 个月，户外露营车、帐篷和垫子、桨板、公路自行车成交额分别同比增长 450％、340％、237％、155％，行业市场需求强劲。“天猫 618”运动户外行业数据显示，骑行、马术、桨板、冲浪等运动的周边装备销售额增幅明显，相较上年同期最高上涨超 350％。2022 年山东省城乡居民人均户外运动装备消费 105.47 元，较 2021 年 92.61 元，增长 13.89％，人均户外体育用品消费占人均体育用品消费的 10.98％左右。以冰雪运动为例，省体育局坚决贯彻习近平总书记关于发展冰雪运动的一系列重要指示，助力“3 亿人上冰雪”的宏伟目标。目前，全省约有400余万人次参与冰雪运动，冰雪运动产业总规模超过33亿元，展现了冰雪运动参与者消费频次较高、黏性高的项目特征。

七、体育教育培训消费增速显著

伴随着《关于深化体教融合 促进青少年健康发展的意见》《关于进一步减轻义务教育阶段学生作业负担和校外培训负担的意见》等文件的陆续发布，突出强调推动青少年文化学习和体育锻炼协调发展。在这些政策的引导下，体育运动已经渗入年轻父母的教育理念中。他们普遍认为，体育是孩子成长过程中必不可少的组成部分，让孩子熟练掌握一两项体育技能已经成为一种标配。由此也吸引了大量社会资本投身体育培训蓝海，体育培训内容也日趋丰富，体育教育培训市场逐渐形成政府、社会和市场多元参与的发展格局。“双减”政策的落地，增加了学生体育活动时长，推动了体育教育培训产业的快速发展。压减作业量并规范学科类培训，使在校学生空出更多的课余和假期时间可以开展户外、体育活动。体育教育培训的消费金额在逐步上升，体育教育培训的市场规模也越来越大。随着体教融合战略的实施，体育的教育功能愈发彰显，越来越多的家庭愈加重视体育。第七次人口普查数据显示，山东省总人口已超1亿，其中0～14岁人口约占总人口的18.78%。青少年是体育消费的主要人群之一，青少年人口基数决定了山东省潜在的体育培训需求，旺盛的市场需求催生了体育培训行业的蓬勃发展。种种因素叠加，为体育教育培训市场发展奠定了基础，也诱导了大量从业主体进入该领域，呈现出主体多元、项目丰富、全区域渗透、高中低端立体供给的局面。国家统计局的数据显示，“十三五”期间，我国体育培训与教育行业总产出已由2015年的247.6亿元，猛增至2020年的2023亿元，平均年增长率达52.2%。2021年，山东省城乡居民人均体育教育培训消费支出为195.3元，全省城乡居民体育教育培训消费规模199.3亿元，详见图3-20。

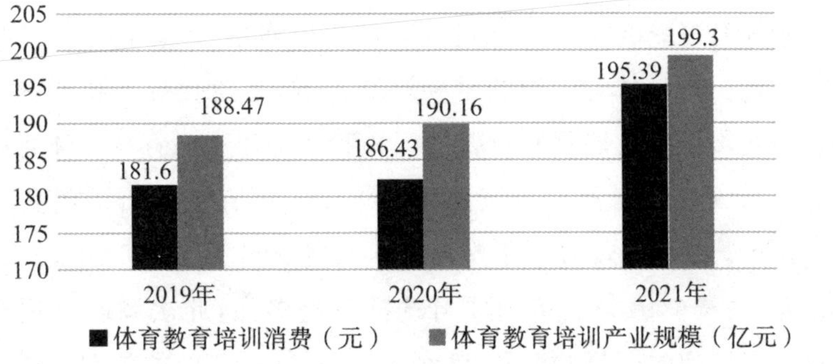

图 3-20　2019～2021 年山东省城乡居民体育教育培训消费支出与规模统计

从供给侧分析，根据山东省历年《体育产业总产出及增加值数据公告》数据显示，山东省体育教育与培训产业总产出和增加值已分别由 2015 年的 52.90 亿元、33.74 亿元，增长至 2019 年的 547.06 亿元、275.17 亿元，5 年间分别增长了 9.34 倍和 7.16 倍。近 5 年来，山东省体育产业总产出年平均增幅为 6.06%，而体育教育与培训产业总产出年平均增幅则达到 187%；体育产业增加值年平均增幅 15.55%，而体育教育与培训产业增加值年平均增幅为 143%。由此可以看出，不管是总产出，还是增加值，体育教育与培训产业近 5 年来的发展增速远远超过体育产业，详见图 3-21。

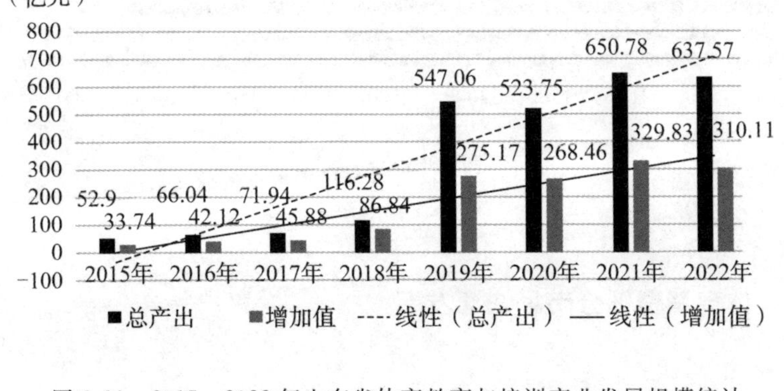

图 3-21　2015～2022 年山东省体育教育与培训产业发展规模统计

随着“双减”政策的落地，家庭教育观念逐渐转变，越来越多的家长开始意识到体育运动在孩子成长过程中的重要作用，体育教育培训项目日渐多样。青少年是体育消费的重要潜在人群，其消费行为和消费观念对于体育消费市场的发展具有重要的引领和示范作用。青少年体育教育培训消费市场成为体育消费领域的重要增量。体育教育培训消费增幅显著，2022 年全省居民人均体育教育培训消费支出为 226.5 元，较 2021 年的 195 元，增长 16.2%。培训项目选择日趋多元，此次调研发现居民参与体育教育培训的项目共涉及 22 个大项，排在前三位的是羽毛球、游泳、篮球项目，而跆拳道、滑冰、空手道排在后三位，详见图 3-22。

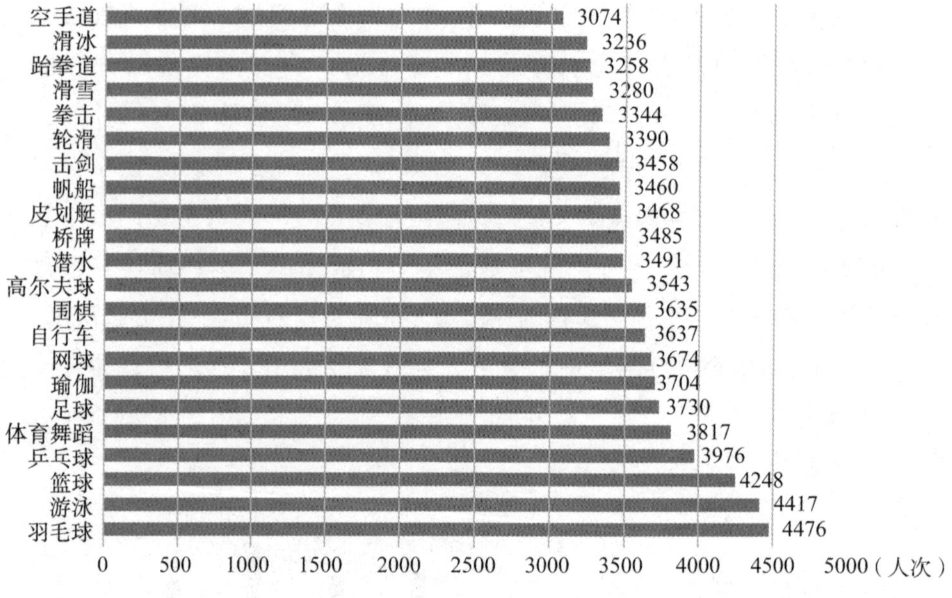

图 3-22　2022 年山东省城乡居民体育教育培训项目统计

八、体育消费细分市场快速发展

目前，青少年、女性、老年群体逐渐成为我国体育消费市场的主力军。女性群体独立自主意识及关注自身健康状态并认可体育运动是保障自身身体机能正常运转途径的意识在不断提升；青少年群体逐渐养成热爱体育运动的习惯，并掌握运动技能，经常参加体育锻炼；老龄化社会加速演进，老年体育基础设施不断完善，参与体育锻炼的老年群体持续增加。体育市场主体将更加聚焦女性、青少年及老年人群体，体育市场将为其提供更加多元化的体育产品和服务。

九、“体育＋”消费加出消费新活力

体育作为大健康、大休闲的组成部分，是一个具有较强融合性特征的百搭产业，与文化、旅游、健康、教育、养老等其他幸福产业的融合更加紧密，跨界融合衍生出了众多符合消费者需求的创新产品业态，使得消费呈现出“体育＋”的新业态和新模式。近年来，互联网、大数据推动了传统体育产业链、市场业态及商业模式创新，催生了“互联网＋体育”消费新业态。2020年全国居民体育消费调查结果显示，我国参与各类体育消费的居民中，购买线上体育类视频产品的比例达5.9％，已经高于购买体育比赛门票的人数比例(4.8％)。未来一段时间，体教融合、体医养融合、体旅融合的发展空间进一步拓展，“体育＋消费”潜力不断释放，体育消费新业态不断涌现，运动成为居民消费中的一大热点领域。特别是“体育＋旅游”成为体育消费的重要内容。随着居民收入水平提升和旅游消费升级，滑雪滑冰、户外运动、登山越野等体育活动，正在受到越来越多的人的喜爱。在需求带动下，以体育为内涵、以旅游为载体的旅游目的地多了起来，在带动旅游从传统的观赏性旅游向体验型旅游发展的同时，也成为破解传统旅游市场发展瓶颈的一剂良药。体育产业与文化、养老、健康等产业的加速融合成为新的增长点，在获得更多精准流量的同时，消费空间也得到拓展。

十、未来一年体育消费意愿强烈

随着“健康中国”国家战略的深入实施，基于对健康理念的重塑、对体育文化的认同,越来越多的人开始参与体育健身活动,并将体育作为生活、社交的重要组成部分。山东坚持推动全民健身场地设施的建设和提档升级,满足公众健身的场所需求,打造好老百姓家门口的运动场所,实现"处处能健身""人人享健身"的人性化运动环境,居民健身意识增强,全民健身热情高涨。山东省居民体育消费预期持续提高,消费整体呈现恢复向好态势。在关于未来一年愿意在体育消费支出的调研中,有 28.8% 的居民愿意支出 1000～3000 元,25.68% 的居民愿意支出 3000～5000 元,占全部调查对象的 54.48%,详见图 3-23。

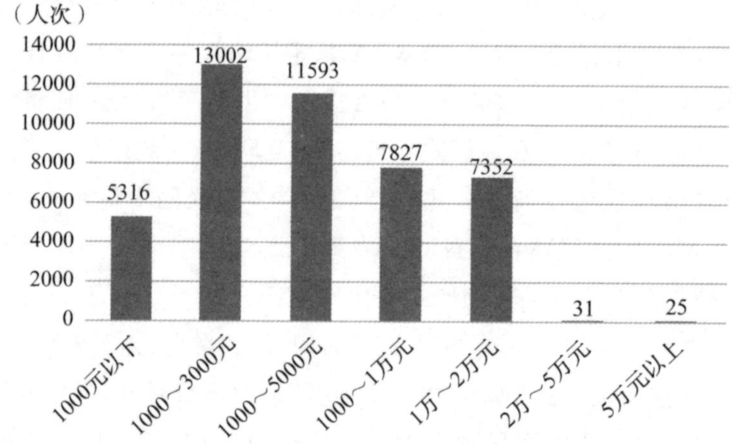

图 3-23 山东省城乡居民未来一年体育消费意愿统计

实现体育消费的提质扩容,需要密切关注体育消费增长的新特征、新态势,充分释放体育市场需求潜力,发挥体育消费在经济增长中的基础性作用。随着居民收入水平和生活水平的提高,以及在体育产业政策红利的带动下,人们运动健身的热情被大大激发,体育消费潜力加快释放,居民体育消费的动机已经超越了"有无",而是向往"更好",这在涉及体育消费的各个方面都体现出来,无论是体育消费观念还是消费形式和形态都发生了重要变化,呈现出热点轮动、百花齐放的趋势。体育消费新业态、新场景、新模式不断涌现,体育消费活力持续释放,体育消费场景全面拓展,体育消费市场持续回暖,带动体育产业提质升级,加快迈向新型体育消费产业高质量发展新阶段。把握当前消费的多元化、多样化、个性化、复杂化、动态化特征，既要顺应居民消费升级的趋势，也要顺应消费分层分化的趋势。

第三节　山东省城乡居民体育消费的发展特征

我国居民消费升级步伐加快，消费层次、消费形态、消费品质、消费行为和消费方式等方面均呈现出明显的趋势性变化。新奇、刺激的观赏型和服务型消费逐渐成为体育消费的新风尚，体育消费市场规模迈上新台阶。居民体育消费从"随意性"转向"专业性"，更加注重专业技能和装配配置。当前，体育消费的重要作用和现实意义已经逐渐得到重视。理解体育消费的特征和趋势，有助于把握新时代特点，加深对体育消费主体性地位的理解。

一、体育消费空间场景化

随着大众消费结构升级，体育健康、体育养老等新兴消费形式逐渐兴起，围绕增进健康和丰富居民精神文化生活的体育健身和现场观赛的消费需求越来越多，体育消费结构从实物型向观赏型和参与型转变，并且在由普遍体育文化需要向实际体育消费需求的转化中，体育消费场景的有效连接也越来越重要。

随着《全民健身计划（2016～2020 年）》《"健康中国 2030"规划纲要》《关于加快发展健身休闲产业的指导意见》《关于加快发展体育竞赛表演产业的指导意见》等相关政策的实施以及人民群众生活水平和收入的不断提高，围绕加强锻炼、促进健康、养老等丰富居民精神文化生活的体育健身和现场观赛的消费需求越来越多。国家体育总局《"十四五"体育发展规划》提出了"体育新空间"的概念，指出要"推动健身体育新空间，创造体育消费新场景”[①]，体育服务综合体、体育公园、户外体育营地等体育新场景应运而生，引领居民紧跟时代发展的脚步。体育消费的场景也逐渐从体育场、健身房或收视节目中走了出来，普遍的体育文化需要转向实际的体育消费需求。

二、体育消费产品品质化

随着生活水平的提高，人民对美好生活的向往总体上已经从“有没有”向“好不好”转变，推动居民消费步入品质时代。我国居民的消费正处在品质升级阶段，人们对于产品和服务的质量要求逐渐提升，消费多元化的特征日益明显。2008～2021 年，我国居民消费结构跃升明显，文教娱乐消费支出占比从 10.78％上升至 2019 年的 11.66％。[②] 高质量、高性能的消费品日益受到消费者的青睐，人们的消费需求从物质型向品质型跃进，热衷于选择高颜值、高品质、高性价比的“三高”产品。

体育实物消费是体育产业发展、大众体育人口扩张之后最大的受益者，如运动鞋饰、可穿戴体育设备等。各类文娱明星同款潮品、单品以及跨品牌联名的运动服饰和体育装备需求的不断上升，依靠于互联网营销模式的开拓创新。各类智能运动装备、可穿戴式运动设备等层出不穷正是基于新技术的应用，这说明科学技术的发展正在从供给端推动体育消费规模质量的提升。体育产品依托互联网“智造”被注入大量科技元素，智能健身器材、智能可穿戴式运动设备等高科技体育产品不断涌现，传统体育服务业发生重大变革，体育消费产品的科技化程度越来越高，以适应新时代大众消费结构升级需要。

① 国家体育总局：《体育总局关于印发〈“十四五”体育发展规划〉的通知》，https://www.sport.gov.cn/n315/n330/c23655706/content.html。

② 参见赵素芳、赵学军：《“双循环”下消费金融促进居民消费升级：机理、现状与路径》，《经济体制改革》2022 年第 4 期。

三、体育消费标签个性化

随着群众对体育文化的深入理解，对体育项目欣赏和参与多元化需求的不断增加，体育逐渐成为人们生活的一部分，消费偏好日趋回归理性，向个性化、脱物质化等方向转变，以个人多元化诉求为主，凸显个性。小众个性化运动项目将会迎来更广阔的发展空间，其中蕴藏的巨大消费潜力也将充分显现。伴随着消费价值观的跃迁，功能性体育消费日益淡化而象征性体育消费日渐突出，体育消费被贴上个性化与定制化的标签，呈现出个性化和信息化的新特征。基于明星及品牌效应等的专业化、定制化运动鞋服和体育装备需求的不断上升，越来越多的品牌纷纷推出个性化、差异化的绿色产品，以满足消费者多样化的需求。体育市场出现高度分化，小众、个性化消费成为新的热点，一些拥有更高消费、收入水平的体育人群不再满足于热门大众运动，将目光放在一些小众运动项目上。越来越多的“90 后”“95 后”注重彰显个性需求，带动个性化体育消费升级。与此同时，在短视频自媒体传播效应助推下，拳击格斗、皮划艇、冲浪等一些门槛较高、技术难度较大的运动项目开始崛起，瑜伽、登山、攀岩、马术、跳伞、漂流、潜水、街舞等相对小众的运动项目热度持续上涨。中国越来越多的体育用品企业将国潮文化融入设计理念，积极向社会传递自信、时尚、突破、创新的品牌形象，加快推出设计新颖、质量可靠、引领时代潮流、体现文化自信的国潮运动产品，这些产品日益受到广大消费者的喜爱。随着北京 2022 年冬奥会和冬残奥会的顺利举办，国货精品不断登上国际舞台，中国运动品牌的全球影响力有所提升。

统计数据显示，目前中高收入体育人群更多地将目光聚焦于瑜伽、潜水、冲浪、攀岩、马术、冰雪运动等近年来逐渐兴起的个性化运动领域，而细分的运动装备销量也在逐年增加，这深刻反映了体育消费者的消费需求个性化的趋势。

四、体育消费内容多样化

随着收入水平的提高，人们的消费需求不断延伸拓展，其突出特征之一是消费已从排浪式、模仿式消费加速向个性化消费转变，不同年龄、不同职业的消费者呈现出日益个性化的消费需求，消费需求从以往物质消费、必需品消费、生存消费向舒适消费、环保消费、健康消费、炫耀消费转变。如今的体育内容更多，渠道也更丰富，民众意识到体育锻炼的重要性，主动将体育纳入日常生活的需求更为强烈，也更愿意为自己的运动爱好和健康消费买单。居民体育消费由过去较为单纯的服装、鞋帽等基础体育用品消费，发展到目前的自行车装备、游泳装备、垂钓装备、户外运动装备等多元品类消费，涉及更多细分专业体育领域的产品需求。在这些延伸拓展消费中，“体育＋”与“＋体育”模式催生了体育健身、体育医疗、体育休闲旅游等新型体育消费模式和内容。调查发现，体育服装、鞋帽以及运动器材和器械等实物是体育消费的绝对主体，体育服务消费占比有待提高，但居民体育消费的结构正在不断优化，正从过去以体育服装、器材为主的实物型消费向以体验型消费为主转变。新增热点开始向马术、击剑等小众运动项目延伸，以各类体育培训、赛事报名和场馆预订等为代表的体育服务消费也增长迅猛。目前户外山地运动、健身运动、跑步运动仍是目前的主流运动，高尔夫、网球、露营、游泳、潜水、帆船、马术、冰雪等体育休闲产品或服务的需求呈上升趋势。中国户外联盟的调研结果显示，2019 年中国参与户外徒步、休闲骑行、登山等泛户外运动的人数达 1.3 亿人。作为一种新的休闲方式，户外运动已经成为居民生活消费新热点，参与率高、消费类型多样、市场空间大等特征明显。[①]

2022 年北京冬奥会申办成功至今，在国家“带动三亿人参与冰雪运动”和“北冰南展西扩东进”目标的号召和大力推动下，山东省冰雪运动快

① 参见李颖川：《中国体育产业发展报告（2021～2022）》，社会科学文献出版社 2023 年版，第 1 页。

速发展，冰雪旅游不仅成为居民冬季消费的新时尚，也成为促进体育消费增长的重要力量。据统计，山东省有 2600 万人参与冰雪运动，冰雪产业进入了快速发展阶段，全省冰雪运动产业总体规模超过 34 亿元，群众冰雪运动热情不断高涨，冰雪消费持续增长。

京东大数据研究院梳理体育消费数据发现，过去 5 年我国体育消费群体不断扩容，通过健身促进健康的热情日益高涨，体育健身持续走向全民化和专业化。与此同时，全民健身向更高水平发展，体育消费多元化趋势显著，体育服务消费快速增长。2018 年“双 11”期间的数据显示，体育消费在各大电商的网络消费总额中占 3%左右，其中运动用品增长最快的是垂钓、冰雪、骑行运动、露营、攀岩等用品，此数据表明体育消费的内容逐渐丰富多彩。

五、体育消费群体年轻化

青少年是体育消费的重要人群，其消费规模和消费观念的变化对于体育消费市场的发展起到重要的引领作用。近年来，国家陆续发布《关于深化体教融合促进青少年健康发展的意见》《关于进一步减轻义务教育阶段学生作业负担和校外培训负担的意见》等文件，强调推动青少年文化学习和体育锻炼协调发展。在这些政策的引导下，体育运动已经渗入年轻父母的教育理念中，让学生掌握 1～2 项体育技能已经成为一种标配。这也催生了体育培训行业的蓬勃发展，青少年体育教育培训的消费潜力被激发，消费金额逐步上升，青少年在整体的体育消费人群中的比例增大，成为体育消费发展中的关键主体，消费群体年轻化的特征逐渐显现。山东省体育教育培训产业增加值和总产出已分别由 2016 年的 42.14 亿元和 66.04 亿元，增加至 2022 年的 310.11 亿元和 637.57 亿元，平均年增长率分别为 106%和 144%。《2022 年大众健身行为与消费研究报告》显示，超六成受访家长认为“双减”政策实施后学生闲暇时间增加，超四成青少年增加了体育运动上的消费，球类和游泳成为热门的青少年体育培训项目。以运动健身为主导的体育参与成为青年人热衷的消费领域，越来越多的年轻人开始进入健身房，办理健身卡、聘请私人健身教练或是跟着 Keep 等 App、各大健身机构的视频直播进行锻炼，由此带动了一系列相关产业的快速发展，例如健身房、健身教练、体育器材、专业服饰、可穿戴式设备，甚至还有功能饮料、营养餐等。

六、体育消费形式数字化

伴随着互联网、云计算、物联网、大数据技术等新一代信息技术在体育领域的持续广泛渗透，数字技术与体育的融合程度加深，电子商务、云端健身、在线医疗等一批新兴业态和模式不断涌现，数字体育经济已成为经济高质量发展的新动能。以网络（直播）购物、移动支付、线上线下融合为特征的新型消费业态迅速发展，可穿戴式设备、智能化体育用品供给的增加，将用户与体育产品更好地连接。各类智能运动装备、可穿戴式运动设备等层出不穷，技术创新应用正在从供给端推动体育消费规模质量提升。在此基础上，以突破传统运动空间、基于物联网、云计算、大数据、虚拟现实等技术应用等为标志的智能体育发展，使体育消费的受众人群范围持续拓展。

中国互联网络信息中心发布的《中国互联网络发展状况统计报告》显示，截至 2020 年我国网民规模已达 9.04 亿，互联网普及率为 64.5%，网民数量的不断扩大有助于推动数字经济的快速发展。2020 年 6 月，中国网络购物用户达 7.49 亿人，占网民整体的 79.7%。网购购物规模和在购物中占比逐年提升，分别由 2010 年的 0.5 万亿和 0.033%，提升至 2018 年的 9 万亿和 0.236%。中国信息通信研究院发布的《中国数字经济报告(2022)》报告显示：2021 年我国数字经济实现总规模 45.5 万亿元，同比名义增长 16.2%，占 GDP 的比重达到 39.8%，是国民经济的核心增长级之一。

在此基础上，以突破传统运动空间，基于物联网、云计算、大数据、虚拟现实等技术应用为标志的智能体育的发展，持续扩大体育消费的受众人群范围。运动服饰、运动器材、运动装备进一步同新型科技结合，将用户的运动场景、数据、内容等结合起来，以更加数字化的产品增强用户的体验感，智慧化程度不断提高。在运动穿戴领域，具有数据监测功能的智能跑鞋、智能手环、智能头箍、智能手表等可穿戴式智能设备层出不穷，市场普及率越来越高。在运动器材领域，消费者对智能跑步机、动感单车、健身器材等智能化、互联化、生态化的运动设备的兴趣逐渐增强。体育场馆智慧化服务，便于消费者预订、约伴健身，获得更好的专业服务和良好的互动模式；借助 AI 和 VR 技术，挖掘优质赛事数据资源，打通线上线下观赛渠道，吸引更多观众观看赛事。以智慧健身步道为例，智慧健身步道基于 AI 人脸识别、肢体识别、3D 可视化等多项智能技术，通过“自然”“健身”“休闲”的建设理念，以健身体验为核心，在公园现有步道上建设智慧步道系统，指导居民科学健身。体育健身类 App 的蓬勃发展，实现了个体不受特定空间限制又能接受“教练”指导的功能，让人们的碎片化时间得以利用，同时使用者可以记录自己的运动规律、饮食状况、身体改观状况；在线支付的便利，也进一步降低了体育产品付费转化的技术性门槛，给消费者带来了更贴心的服务，有效带动了目标消费者和潜在消费者的购买需求，释放了体育消费增长潜力，提升了群众体育消费获得感。数字经济凭借其独有的高创新性、强渗透性、广覆盖性等特点，以前所未有的速度和影响力，推动生产方式和生活方式发生深刻变革，日益成为促进消费扩容提质的重要力量。

七、体育产业体系融合化

融合是现代经济发展的重要特征和趋势。随着“互联网＋”战略在体育领域的应用，体育产业链、市场业态及商业模式不断创新，体育消费与其他领域消费融合发展的态势越来越强，形成新的热点与形式。体育已经不只是仅仅参与运动，还与文化、旅游、社交、健康、科技、娱乐等产业融合为“泛体育”产业。跨界融合整合资源，也是未来体育消费重要的发力方向。体育消费更加注重“体育＋”，“体育＋旅游”“体育＋教育”“体育＋康养”融合愈加明显。场馆服务智能化水平大幅提升，丰富了全民参与体育的方式与体验形式，给消费者带来前所未有的体验。体育与大型文娱综合内容相结合，形成体育旅游、体育娱乐、体育培训等多元内容和多重场景，体育及其衍生产品日益丰富，营造的体育运动新场景呈现快速发展态势。体育结合其他产业催生的线上马拉松、线上骑行、体育健身直播、智能场馆、体育社交平台等，都进一步激发了消费者的体育消费欲望。

八、“夜经济”消费常态化

随着社会的发展和人们生活节奏的加快，“夜经济”正强势崛起并成为一种主流消费趋势。体育消费在“夜经济”消费当中是尤为关键的一个环节。山东多个地市都涌现出了和“体育夜经济”相关联的各项规范措施，坚持夜间体育消费新风尚导向性原则，延长体育公园、健身俱乐部等场所的销售经营时间段，打造形态多样的夜间消费市场。人才夜市、公园夜市、体育消费月、体育惠民周陆续开展，为健身运动的人群营造五彩缤纷的夜生活氛围，健、赛、娱、游、购等多元夜间经济业态迸发活力。越来越多的居民选择在夜晚走出家门，到健身房、广场、游泳馆等地锻炼，在燃烧卡路里的同时，活跃了夜间消费，打造了城市发展新引擎。

第四章　山东省城乡居民体育消费发展指数

本书研究以产业经济学、测量与评价学等理论为支撑，遵循科学性、全面性、导向性、普适性、可操作性等基本原则，从产业基础、消费活力、供给能力、发展环境四个维度，首次设计了体育消费发展指数评价指标体系，构建了体育消费发展指数测量模型。以山东省16地市2019～2022年近四年体育产业发展、体育场地设施、体育消费支出等相关统计数据为基础，对山东省体育消费发展水平指数测度和综合评价，为山东省体育消费提质扩容提供决策依据和对策建议。

第一节　体育消费发展指数概述

从统计学角度讲，指数是一类特殊的相对指标，用于测量不同时空范围内单一对象或多种对象发展变化的相对程度。指数作为一种综合质量评估工具，能够将复杂的现象简单化，反映相对的综合变动情况，便于管理者进行判断和决策。

一、体育消费发展指数的概念

体育消费发展指数是在时间或空间条件下，综合反映某一地区体育消费整体发展水平的相对数，是由一个多项指标构成的综合指数。体育消费发展指数研究可以明确体育消费发展过程中质和量的标准，监测体育消费发展状态，“预警”体育消费问题的产生，衡量不同地市的体育消费发展状况。

二、体育消费发展指数的性质

关于体育消费发展指数，目前较为普遍的观点认为其具有综合性、相对性、平均性等特性。

1. 综合性

指数反映一组变量在不同场合下的综合变动水平，这也是指数理论和方法的核心。综合性说明指数是一种特殊的相对数，是由一组变量项目综合对比形成的。没有综合性，指数就不可能发展成为一种独立的理论和方法论体系。

体育消费发展指数是由产业基础、消费活力、供给能力、发展环境构成的，可以用于反映和评价一个地区体育消费发展的综合水平。发展指数要双向比较：横向能够从不同区域、不同空间的角度进行比较，反映其差距，而且可以衡量一个地区体育消费发展的综合水平；纵向能够对某一地区的时间序列发展数据进行比较，通过建立时间序列，综合、全面地反映一个地区体育消费的发展进程。通过分析指标发展速度、发展特点，观测该地区不同阶段的体育消费发展情况，并以简明直观的形式呈现结果。

2. 相对性

指数是总体各变量在不同场合下对比形成的相对数。指数可用于度量一个变量在不同时间或不同空间的相对变化，这种指数称为“个体指数”。指数也可用于反映一组变量的整体变动，这种由一组变量指标组成的指数称为“综合指数”。

体育消费发展指数使用的评估框架往往包含多个维度和多个指标，可以分析某个地区体育消费发展的整体变动情况，评估结果具有整体性和全面性。指数可用于度量总体变量在不同时间上的变化，这种指数称为“时间性指数”。指数还可以度量总体变量在不同空间上的差异，这种指数称为“区域性指数”。

3. 平均性

指数所表示的综合变动是多种现象的平均变动，是现象总体变动水平的一个代表性的数值。平均性的含义包括：指数进行比较的综合数量作为个别量的代表，其本身就具有平均的性质；两个综合量对比形成的指数反映了个别量的平均变动水平。

三、体育消费发展指数的意义

如何准确对不同地市体育消费发展水平差异进行量化评估是亟待解决的重点问题，相关评估结果也是省级体育部门调整体育消费政策、实现体育消费提质扩容增效的重要参考依据。准确测算体育消费发展指数的重要作用，主要表现在以下几个方面：

1. 有利于全面展示体育消费发展水平

体育消费发展指数评价指标体系，以促进体育消费提质扩容发展目标为依据，从产业基础、消费活力、供给能力、发展环境四个方面对体育消费发展进行全面综合评价。反思政府近年来在促进体育消费上所做的工作，可以看出，由于体育消费涉及的内容多、领域广，各部门主要负责其中一块，块块之间存在信息不对称，很难做到统筹和协调。评价结果是对多个指标的整合和综合，可避免使用单一评价指标带来的评价结论偏差，从而使评价结果更具客观性和科学性。

2. 有利于促进体育消费提质扩容

在扩内需、促消费政策的引导和鼓励下，山东省各地都纷纷采取了促进体育消费的若干措施。构建体育消费发展指数可以对各地体育消费发展相关的信息进行系统搜集，同时还可以建立长期的信息跟踪调查系统，以减少管理部门作决策时的不确定因素，为提高管理效率提供方便。体育消费提质扩容已成为新时代经济发展的基本特征和引领改革发展的根本性要求。探索研究体育消费高质量发展评价对全省“扩内需、促消费”，推动经济实现高质量发展，具有重要的指导意义。

3. 有利于社会各界了解体育消费发展状况

评价的目的就是以数据为基础，借助评价工具对事物的发展状况进行展示。评价结果的传播强化了体育消费发展的信息公开，政府部门可以从评价结果中了解哪些问题解决了，哪些问题还存在风险。这样不仅可以为社会各界提供评判体育消费发展效果的讨论依据，还可以激发社会各界为促进体育消费发展中的重要问题提供政策性建议。

4. 有利于分析影响体育消费发展的因素

当分析复杂现象变动时，为了测定和分析各个因素变动对复杂现象变动的影响，就要利用指数体系。测算体育消费发展指数，是精确查找体育消费短板、释放体育消费潜能的重要途径。与先进省市对比，当前山东省体育消费发展仍然滞后，人均体育消费低于江苏、浙江、上海等省市，体育消费结构也有待优化。

第二节　体育消费发展指数评价指标体系的构建

指数指标体系的构建是开展评价研究的前提和基础，是将抽象的研究对象按照其本质属性和特征分解成为具有行为化、可操作化的结构的过程。评价指标体系具有复杂性、多维性和多元性等特点。在设计指标体系时，要考虑到各部门之间的相互关系。每一个指标的选取都要按照层层深入的步骤，使得指标体系层次有序、布局分明、结构清楚。

一、体育消费发展指数指标的构建原则

指数的构建和完善是一个动态的过程。指数理念的更新和技术的发展都会促成指数框架的调整和优化以及阈值选择、计算方法的改变。构

建体育消费发展指数指标体系应遵循以下原则：

1. 科学性原则

科学性原则是任何指数指标体系构建时都应遵守的基本原则。科学性指的是要在科学的理论和方法的指导下选取指标，保证指标选择的客观性，不可主观臆断。以既有的研究成果和政策文本为基础，找到合适的评价维度，然后基于评价维度分别设置不同层级的评价指标。科学性主要体现在理论与实际相结合、采用科学的评价方法等方面，指数指标体系中每一个指标都要有科学合理的解释，每项指标的含义要明确，统计分析方法要有科学的理论依据，能够按照统计学的方法和步骤进行，这是保证指数指标体系科学合理的前提和基础。

科学性原则要求构建的体育消费发展指数指标体系能够反映出最主要的、最具有代表性的因素。通过该指数指标体系提供的数据资料，能够全面地了解体育消费的发展现状、水平和潜力，并能诊断、分析体育消费发展过程中存在的问题，动态体现体育消费发展的特点和规律，避免发展中存在的盲目性和任意性。同时，能反映促进体育消费提质扩容政策的核心思想，增强指标体系的政策导向和实践意义。

2. 系统性原则

系统性原则要求把体育消费发展视为一个系统，以系统整体目标的优化为导向，协调系统中各分系统的相互关系，使系统完整、平衡。指数指标体系必须从主体出发，才能从各个方面、各个层次、各个角度来衡量并反映出某地区的体育消费发展水平，因此需要对各个指标进行系统性的层次划分，构建不同的指标层次，确保指标之间相互制约、相互联系，进而系统地构建出体育消费发展指数指标体系。指标选取力求系统、全面，体现前瞻性，要能够从多角度综合衡量体育消费发展水平。

3. 代表性原则

所选取的指标要具有代表性。指标体系要能够从体育消费发展的核心与本质出发，一针见血地指出体育消费发展的内涵。每个指标的选取都要建立在定性与定量相结合的基础之上，前期尽可能地录入多个影响指标，通过反复筛选剔除不相干因素，最后的指标体系应能够真实准确地反映体育消费发展的现状，揭示体育消费发展进程中存在的区域差异情况，解释各地区优势与劣势形成原因，为促进体育消费发展提供思路。

4. 可行性原则

可行性原则是指指数指标体系的各个部分都满足逻辑合理、科学便捷的原则，每个部分都可以单独列出来进行指标测度。构建评价指标的目的就是为了运用于实践中，指数指标体系要易于采集和计算，体现为层次简明、数量适当、量化方便。体育消费发展指数构建的目的是，促进体育消费提质扩容，并把这一目标通过具体的数据进行量化，因而指标体系应该尽可能简单、精练且便于数据采集。在不影响评价结果的前提下，可操作性强的指标可以缩短并简化计量、处理、评定等测评工作，提高评价的工作效率。采用的指标应尽可能处理简便，易于观察，数据便于收集，尽量从公开的统计资料、权威的研究数据库中直接或间接获得。

5. 普适性原则

普适性原则是指指数指标体系应尽可能适用于更多的地区，而非只是一个地区。这要求在建立指数指标体系时选取关键性指标，保证指标的重要性，以使该指标在不同的地区或者同一地区的不同时期都能够发挥作用。既要反映体育消费发展的情况，也要考虑指标的准确性、可获得性和可操作性，同时还要兼顾纵向观察体育消费发展变化的需求。

6. 导向性原则

体育消费提质扩容是体育消费发展指数研究的出发点，也是整个体育消费高质量发展的指导思想，构建的指数指标体系要符合体育消费发展实际、突出导向性，不仅要立足于对研究对象已经达到的水平和已经具备的条件进行评价，还要考虑研究对象的发展潜力和发展趋势。

体育消费发展指数评价指标的构建，最终是为了应用于实践。指标选取的过程中不仅要考虑数据的可获得性，还要兼顾其准确性和可量化性。各项指标必须构成一个有机整体，能全面系统地反映消费发展的特征、趋势以及影响消费的各项因素，能从总量与结构、供给与需求、机制与体制等方面系统体现消费高质量发展的现实状况。

二、指数指标体系构建的流程

指数指标体系是由不同级别的指数，按照研究对象本身逻辑结构形成的有机整体，是衡量研究对象发展水平或状态的量标系统，在研究方案中处于核心位置。体育消费发展指数不仅反映不同区域的体育消费发展水平，而且关注体育消费发展各要素之间的发展是否协调、平衡，对开展区域评价和宏观决策具有较高的参考价值。

指数构建的一般流程旨在梳理基本思路，消除构建过程中多余的构建环节，合并相似步骤，使流程更为合理、简便，从而提高构建效率。构建综合指数指标体系是一项复杂的任务，其每一个步骤都影响评价结果的质量和可靠性。参照国际经合组织（OECD）编写的综合评价操作手册，并借鉴既有研究，将体育消费发展指数指标的构建分为以下几个步骤：

第一，定义待测对象。这一步骤应明确说明综合指数所衡量的是什么。山东体育消费发展指数就是综合反映山东省不同地市体育消费发展情况。

第二，核心指标选取。评价结果依赖于所选择的“解释”指标，指标应该根据相关性、可靠性以及数据可得性等原则进行选择。指标体系是以多层次、多指标的方式揭示事物之间的关联性和系统性，将一个复杂的问题分解为多个相联系的部分，通过研究各部分之间的关系透彻认识事物整体，并精准确定关键制约因素。

第三，权重系数测算。考虑各指标之间的相对重要程度，建立起相应的层次结构模型。

第四，指标归一化。这一步骤的目的是使指标具有可比性。在进行任何数据合成之前都需要进行标准化，因为指标的数据通常有不同的度量单位。

第五，聚合归一化指标。这一步是选用合适的聚合方法将所有的指标数据进行计算，以形成一个或多个复合指数。

三、评价指标体系的构建

（一）对象概念化

要对某一现象进行评价，首先要明确评价对象的内涵，这就需要对评价对象进行概念界定。概念是设计发展指数评价指标体系的逻辑起点。体育消费发展指数是综合反映某一地区体育消费整体发展水平的相对数，是由一个多项指标构成的综合性指数，可以综合衡量不同地市的体育消费发展状况。

（二）核心指标的选取

目前尚无专门针对体育消费发展的评价指标体系，本书根据研究目的与指标选取原则，通过以下三种途径设计并形成评价指标库：一是既有的学术文献资料；二是各地区制定的促进体育消费发展的政策文件；三是专家意见。既有的文献资料是构建初始指标池的重要来源，再结合专家意见对入选指标池的指标进行甄选和优化。

根据《山东省人民政府办公厅关于促进全民健身和体育消费推动体育产业高质量发展的实施意见》，以促进体育消费提质扩容为发展目标，本书将体育产业发展基础、消费活力、供给能力、发展环境这四个维度列为体育消费发展指数评价指标体系的一级指标，选取 24 个基础指标构成二级指标，将一级指标用可测量的二级指标加以描述，从而形成一个完整的、具有内在联系的层次指标体系，如表 4-1 所示。

表 4-1　山东省体育消费发展指数指标

目标层	维度指标	基础指标	具体衡量指标
体育消费发展指数	产业基础	体育产业总规模(亿元)	体育产业总产出
		体育产业增加值占 GDP 的比重(%)	体育产业增加值/GDP
		体育产业法人单位数量(家)	体育产业法人单位数量
		体育产业从业人员数量(人)	体育产业从业人员数量
	消费活力	人均体育消费水平(元)	人均体育消费支出
		体育消费占消费支出比重(%)	体育消费支出/消费支出
		经常参加体育锻炼人口比例(%)	经常参加体育锻炼人口比例
		体育服务消费占体育消费比重(%)	体育服务消费支出/体育消费支出
		体育消费规模增速(%)	(当年度体育消费规模－上年度体育消费规模)/上年度体育消费规模
	供给能力	人均体育场地面积(m^2)	人均体育场地面积
		省级及以上体育赛事(次)	举办省级及以上赛事数量
		省级精品赛事(次)	省级及以上体育赛事入库项目数量
		体育消费试点县(个)	省级体育消费试点县数量
		体育综合体(个)	省级及以上体育综合体数量
		体育旅游路线(条)	省级及以上体育旅游路线数量
		户外运动营地(个)	省级及以上户外体育营地数量
		星级体育俱乐部(个)	省级星级体育俱乐部数量
		A 级体育培训机构(个)	省级 A 级体育培训结构数量
		体育产业基地(个)	国家级、省级体育产业基地数量
	发展环境	体育产业发展专项规划(有/无)	是否制定体育产业发展专项规划
		促进体育消费方案(有/无)	是否制定促进体育消费方案
		体育产业发展引导资金(有/无)	是否设立体育产业发展引导资金
		体育消费代金券(有/无)	是否设立体育消费代金券
		体育消费监测机制(有/无)	是否建立体育消费监测机制

1. 产业基础

体育产业发展是体育消费的基础，是体育消费市场的重要推动力量。按照国家统计局、国家体育总局公布体育产业发展状况时选用的体育产业总规模、体育产业增加值占 GDP 的比重、体育产业法人单位数量以及体育产业从业人员数量等 4 个指标进行衡量。

2. 消费活力

体育消费活力是衡量体育消费发展活跃程度的指标，通过人均体育消费水平、体育消费占消费支出比重、经常参加体育锻炼人口比例、体育服务消费占体育消费比例、体育消费规模增速等 5 个指标进行衡量。

3. 供给能力

体育产业供给反映的是体育市场提供有效商品与服务的能力。体育产业供给为体育消费提供了更加丰富多彩的体育产品和服务，也为体育消费市场注入了新的活力和动力，推动了体育消费市场的提质扩容。选取人均体育场地面积、省级及以上体育赛事、省级精品赛事、体育消费试点县、体育综合体、体育旅游路线、户外运动营地、星级体育俱乐部、A 级体育培训机构、体育产业基地等 10 个指标进行反映。

4. 发展环境

发展环境是消费者行为的重要构成要素，是消费者在生存和发展过程中面临的、对消费者的消费需求和行为有一定影响的、外在的、客观的因素，直接影响着消费效率和消费质量提升。通过是否制定体育产业发展专项规划、是否制定促进体育消费方案、是否设立体育产业发展引导资金、是否投放体育消费代金券、是否建立体育消费监测机制等 5 个指标进行衡量。

（三）指标体系的说明

为了能够确保指标体系的可行性，研究过程中对每个三级指标进行详尽的界定，内容包括：

1. 指标单位

这主要是指要确定三级指标的量化单位。对于不能量化的指标来说，需要确定操作性标准。比如“体育消费规模增速”“体育消费占消费支出比重”等定量性指标，量化“%”，其含义是这些指标可以用百分数作为单位，以计量这些指标的发展程度。对于像“体育产业总规模”“人均体育消费支出”“体育产业从业人员数量”这样的将定性数据转换为定量数据的指标单位，分别确定为“亿元”“元”和“人”，其含义是在经过指标内容的操作性解释后，这些指标可以用“元”和“人”为单位来衡量这些指标发展状况。而像“是否制定体育产业发展专项规划”“是否设立体育产业发展引导资金”这样的指标，只能用“是与否”“有与无”来衡量这些指标的发展状况，则不设定单位。

2. 指标内容操作性解释

这是评估指标具有操作性、合用性的关键环节，它指明了每一项指标按照什么样的方式来计算大小、多少等，使调查能够依照这些指标真正地开展。例如，界定的“体育消费规模增速”指标的操作性解释为调查年度按地市计算的体育产业规模的增长幅度。计算公式为：

增长率＝(调查年度体育消费规模－上一年度体育消费规模)/上一年度体育消费规模×100%

它表明两层含义：一是指标“与上年相比体育消费规模增长率”是什么的问题；二是表明该指标如何计算的问题。经过两层解释，这一指标就具有可操作性，可以将其运用到评价的实践活动中了。然而，并非每一条指标解释都包含这样两层含义，有的指标本身含义清楚，就只界定其计算方式；有的指标本身隐含计算方式，就只界定其含义；有的指标计算方式与评分标准重合，就在评分标准中对其界定。

3. 数据收集方式

它是指特定指标被用来进行评价实践时采用何种方式收集与此指标相关的信息、数据，指明了指标数据的寻找渠道。本书的数据来源于山东省体育局、山东省统计局每年发布的相关统计数据。

（四）权重计算

当前，指标权重的确定大致分为两类：一是主观赋权法，二是客观赋权法。主观赋权法是根据决策者对各项评价指标的主观重视程度来确定权重的一种方法，常用的有专家打分法、层次分析法等，在实际应用中的客观性和真实性都较低。客观赋权法是利用评价指标值所反映的客观信息，如平均值、方差或标准差等确定权重的一种方法，主要有主成分分析法、熵值法等。

本书对各指标权重的赋予采用的是层次分析法。具体有 6 个步骤。

1. 构建层次结构模型

考虑各指标之间的相对重要程度，建立起相应的层次结构模型。层次结构模型由三层组成，分别为目标层、准则层及方案层。目标层位于最上面一层，一般只有一个预期目标，代表决策者最终的预期目标；准则层位于中间层，代表能否满足决策者预期目标的判断标准；而方案层位于最下面一层，代表具体的判断标准。

2. 建立判断矩阵

先对两层之间进行重要程度比较，然后将方案层内的各项指标进行相互对比，形成判断矩阵。每一次的重要程度对比，一般是专家按照1～9的重要程度打分，称为“1～9 标度法”。设两个指标之间进行重要程度对比记为 X_{ij}，$i=1,2\cdots m\cdots n$，$j=1,2\cdots m\cdots n$；详细比较标准见表 4-2。

表 4-2　相对重要性标度

标度	定义
1	i 因素与 j 因素相同重要
3	i 因素与 j 因素略重要
5	i 因素与 j 因素较重要
7	i 因素与 j 因素非常重要
9	i 因素与 j 因素绝对重要

续表

标度	定义
2、4、6、8	为以上两判断之间的中间状态对应的标度值
倒数	X_{ij} 跟 X_{ji} 相互为倒数

如果下一层的评价指标 B_1、B_2、…、B_n 对上一层的评价指标 B 有一定的影响，那么判断矩阵见表 4-3，其中 a_{ij} 表示的是在评价指标 B 下，下一层指标 Bm 对于 Bn 的相互重要程度的数值表示。判断矩阵都具备以下特点：从以上公式可以看出判断矩阵是对称的，并且某个判断矩阵如果都满足上面三个特点，则说明该判断矩阵具有一定的一致性。但在通常情况下，还需要进行一致性检验来最终确认该判断矩阵是否通过。

3. 每层权重排序

进行层次间的权重排序最常用的是最小二乘法、方根法等，本书采取方根法进行权重计算。计算判断矩阵中的每一行的乘积 m_i 计算 m_i 的 n 次方根，对特征向量进行正规化处理，求出层次内的评价指标权重；计算该判断矩阵的最大特征值。

判断矩阵的最大特征值和特征向量，采用几何平均近似法（方根法）计算。其计算步骤为：

(1)计算矩阵各行各元素乘积

$$m_i = \prod_{j=1}^{n} a_{ij}, j = 1,2,\cdots,n$$

(2)计算 n 次方根

$$\bar{w_i} = \sqrt[n]{m_i}$$

(3)对向量 $\overline{w} = (\overline{w_1}, \overline{w_2}, \cdots, \overline{w_n})^T$ 进行规范化

$$\widehat{w}_i = \frac{\overline{w}_i}{\sum_{j=1}^{n} \overline{w}_j} j = 1,2,\cdots,n$$

得到 $\widehat{w} = (\widehat{w}_1, \widehat{w}_2, \cdots, \widehat{w}_n)^T$，为所求特征向量近似值，即各因素权重。

4. 计算判断矩阵是否通过一致性检验

对评价指标的一致性 CI 进行计算，如果 CI 越大，就越说明判断矩阵存在不一致现象。

计算判断矩阵一致性指标，并检验其一致性。为检验矩阵的一致性，定义：

$$CI=\frac{\lambda_{\max}-n}{n-1}$$

当完全一致时，$CI=0$；CI 愈大，矩阵的一致性愈差。具体到本书判断矩阵的话，维度 1～4 的判断矩阵见表 4-3。

表 4-3　一级指标的判断矩阵

	产业基础	消费活力	供给能力	消费环境
发展基础	1			
消费活力		1		
供给能力			1	
消费环境				1

根据构造的判断矩阵，采用层次分析的计算步骤对本书的三个维度的权重进行计算，得到各个维度的权重值 $w_k(k=1,2,3,4)$ 且 $\sum_{i=1}^{h} w_k=1$。采用层次分析法能通过统计方法相对客观地分析各个维度的重要程度，相比之前主观的专家评分法更具有说服力。本书采用层次分析法，确定了产业基础、消费活力、供给能力和发展环境四个维度的权重分别是 20%、30%、30%、20%。

二级指标计算过程同上。构建评价模型是将各个评价指标的数值和对应权重相乘得到的评价结果，结果如图 4-1 所示。

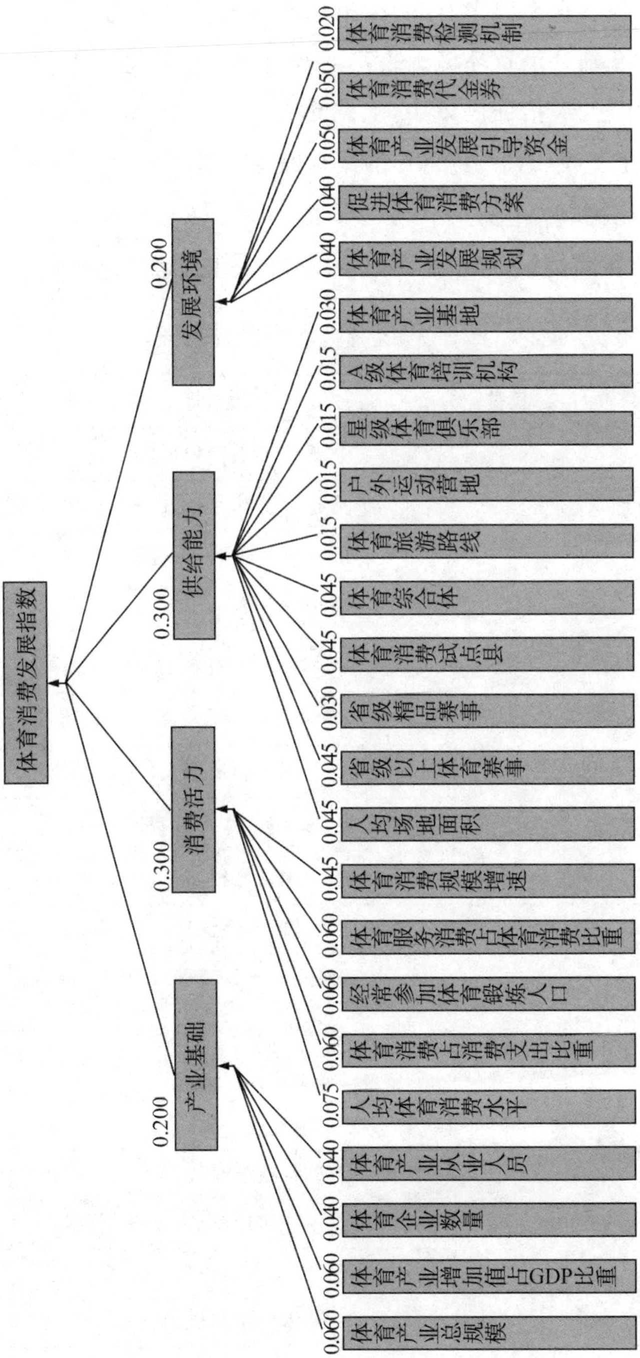

图4-1　体育消费发展指数各评价指标权重

从各指标的权重系数来看，一级指标的重要性排名为：消费活力＝供给能力＞产业基础＝消费环境。表明消费活力和供给能力对体育消费发展的影响最大。二级指标权重中，人均体育消费支出水平(7.5%)、体育消费占消费支出比例(6%)、经常参加体育锻炼人口(6%)、体育服务消费占体育消费支出比例(6%)、体育产业总规模(6%)、体育产业增加值占 GDP 比例(6%)占比较高，对各地市体育消费发展的影响较大，详见表 4-4。

表 4-4　体育消费发展指数评价指标体系

目标层	维度指标	权重	基础指标	权重
体育消费发展指数	产业基础	20	体育产业总规模(亿元)	30
			体育产业增加值占 GDP 比重(%)	30
			体育企业数量(家)	20
			体育产业从业人员(人)	20
	消费活力	30	人均体育消费水平(元)	25
			体育消费占消费支出比重(%)	20
			经常参加体育锻炼人口(%)	20
			体育服务消费占体育消费比重(%)	20
			体育消费规模增速(%)	15
	供给能力	30	人均场地面积(m^2)	15
			省级及以上体育赛事(次)	15
			省级精品赛事(次)	10
			体育消费试点县(个)	15
			体育综合体(个)	15
			体育旅游路线(条)	5
			户外运动营地(个)	5
			星级体育俱乐部(个)	5
			A 级体育培训机构(个)	5
			体育产业基地(个)	10

续表

目标层	维度指标	权重	基础指标	权重
体育消费发展指数	发展环境	20	体育产业发展规划(有/无)	20
			促进体育消费方案(有/无)	20
			体育产业发展引导资金(有/无)	25
			体育消费代金券(有/无)	25
			体育消费监测机制(有/无)	10

5. 指标归一化

由于评价体育消费发展水平的指标非常多，而指标之间的单位和数量级有很大差异，无法直接进行数据的比较和排序，为保证结果的合理性、可靠性，还需对各指标进行无量纲化处理。无量纲化处理也是综合评价步骤中的一个环节。指标无量纲化处理的方法有很多，包括相对化处理法、功效系数法和标准分数法等。

采用无量纲化处理方法中的功效系数法，对每一评价指标设置最低60分的及格分，最高100分的满分，计算出每一指标的得分值，确保各指标数据之间的可比性。具体公式如下：

$$X=[Xi-\mathrm{Min}(Xi)]/[\mathrm{Max}(Xi)-\mathrm{Min}(Xi)]\times d+c$$

式中，Xi 是单项指标实际值，$\mathrm{Max}(Xi)$是单项指标各地市最大值，$\mathrm{Min}(Xi)$是单项指标各地市最小值，c 取 60，d 取 40。

6. 指数聚合

常见的指数聚合方法有线性加权合成法和非线性加权合成法。线性合成法又称“加法合成法”，其基本公式为：

$$y=\sum_{j=1}^{m} w_j x_j$$

式中，y 是被评价对象的综合评价值，w_j 是第 j 个评价指标相应的权重系数，x_j 是第 j 个指标值，$0\leqslant j\leqslant \mathrm{m}$。

$$\sum_{\mathrm{j}=1}^{\mathrm{m}} \mathrm{w_j}=1$$

非线性加权合成法又称"乘法合成法",其公式如下:

$$y=\prod_{j=1}^{m}x_j^{w_j}$$

式中,y 是被评价对象的综合评价值,w_j 是第 j 个评价指标相应的权重系数,x_j 是第 j 个指标值,$0\leqslant j\leqslant m$。

$$\sum_{j=1}^{m}w_j=1$$

为了进一步把握和比对山东省各地区体育消费发展状况,本书在山东省统计局、山东省体育局等网站采集 2022 年山东省各地区的数据,依据前述的山东省体育消费发展指数评价指标体系与测度方法,获得各指标数据值,并采用线性加权合成法进行指数聚合。

第三节　山东省体育消费发展指数实证分析

一、数据来源

本书数据来源于《山东统计年鉴》以及山东省体育局、山东省统计局发布的定期报告等客观统计数据,包括统计年鉴、统计公告、官方网站等。山东省 16 地市产业基础、消费活力、供给能力、发展环境四个维度的具体指标,详见表 4-4、表 4-6、表 4-7、表 4-8。

表 4-5　山东省 16 地市体育消费发展指数——产业基础数据

地市	体育产业规模(亿元)	体育产业增加值占 GDP 比例(%)	法人单位(个)	从业人员(名)
济南	615.95	2.04	8792	—
青岛	807.54	2.23	8434	—
淄博	121.20	1.10	2122	—
枣庄	67.76	1.24	1061	—

续表

地市	体育产业规模(亿元)	体育产业增加值占 GDP 比例(%)	法人单位(个)	从业人员(名)
东营	59.19	0.57	2252	—
烟台	488.03	2.03	3050	—
潍坊	244.77	1.26	2558	—
济宁	168.55	1.21	2217	—
泰安	80.85	1.16	1682	—
威海	281.43	2.90	5089	—
日照	78.61	1.28	1590	—
临沂	189.02	1.29	3603	—
德州	215.75	2.36	2411	—
聊城	58.01	0.83	1480	—
滨州	73.01	0.89	1851	—
菏泽	163.04	1.72	1888	—

* 注:体育产业总规模、体育产业增加值占 GDP 比重为 2021 年数据。

表 4-6　山东省 16 地市体育消费发展指数——消费活力数据

地市	人均体育消费支出	体育消费占消费支出比重	经常参加体育锻炼人口	体育服务消费占体育消费比重	体育消费规模增速
济南	2904.90	9.33%	—	50.87%	4.59%
青岛	3118.80	9.60%	—	52.19%	4.08%
淄博	2248.00	8.21%	—	42.58%	−21.56%
枣庄	2128.30	11.96%	—	43.85%	9.21%
东营	2318.60	8.30%	—	46.74%	1.29%
烟台	2334.80	8.34%		45.50%	−0.05%
潍坊	2075.00	9.05%	—	41.74%	0.43%

续表

地市	人均体育消费支出	体育消费占消费支出比重	经常参加体育锻炼人口	体育服务消费占体育消费比重	体育消费规模增速
济宁	1943.60	8.26%	—	42.61%	−2.16%
泰安	2180.80	10.80%	—	42.94%	−3.33%
威海	2185.20	8.01%	—	45.26%	8.91%
日照	2333.30	12.96%	—	48.80%	2.74%
临沂	1928.40	11.81%	—	44.26%	−10.52%
德州	1877.70	10.03%	—	39.54%	6.96%
聊城	1770.70	9.55%	—	39.39%	−1.79%
滨州	1965.40	9.44%	—	41.48%	0.75%
菏泽	1767.80	10.67%	—	42.65%	−7.87%

* 注:济南市体育消费占支出比重、泰安市人均体育场地面积为2021年数据。

表4-7　山东省16地市体育消费发展指数——供给能力数据

地市	人均场地面积	省级及以上体育赛事	省级精品赛事	体育消费试点县	体育综合体	体体育旅游路线	户外运动营地	星级俱乐部	A级体育培训机构	体育产业基地
济南	2.63	—	8	1	5	5	—	4	4	17
青岛	3.26	—	10	1	6	1	—	3	3	25
淄博	3.47	—	4	1	8	4	—	0	2	13
枣庄	2.55	—	1	2	3	5	—	1	1	7
东营	3.25	—	2	1	0	2	—	0	0	4
烟台	2.92	—	1	2	3	6	—	2	2	14
潍坊	2.61	—	0	1	7	4	—	2	1	12
济宁	2.46	—	1	2	5	2	—	1	1	11
泰安	2.95	—	4	1	2	6	—	0	0	9

续表

地市	人均场地面积	省级及以上体育赛事	省级精品赛事	体育消费试点县	体育综合体	体体育旅游路线	户外运动营地	星级俱乐部	A级体育培训机构	体育产业基地
威海	3.58	—	2	2	5	6	—	1	0	18
日照	4.78	—	4	1	6	12	—	0	4	12
临沂	2.90	—	0	1	1	7	—	2	1	15
德州	2.52	—	0	1	3	1	—	0	0	18
聊城	2.48	—	1	1	0	1	—	0	1	4
滨州	3.00	—	4	2	3	1	—	1	0	11
菏泽	2.34	—	0	1	2	0	—	1	0	3

*注:①国家级体育综合体、国家级体育旅游路线、国家级体育产业基地、5星级体育俱乐部、5A级体育培训机构按双倍计入；

②体育产业从业人员、经常参加体育锻炼人口、省级及以上体育赛事、户外运动营地各地市未公布,按基础分计算。

表 4-8　山东省16地市体育消费发展指数——发展环境数据

地市	体育产业发展规划	促进体育消费方案	体育产业发展引导资金	体育消费代金券	体育消费监测机制
济南	有	有	有	有	无
青岛	有	有	有	有	有
淄博	有	有	有	有	无
枣庄	有	有	有	有	无
东营	有	有	无	有	无
烟台	有	有	有	有	无
潍坊	有	有	有	无	无
济宁	有	有	有	有	无

续表

地市	体育产业发展规划	促进体育消费方案	体育产业发展引导资金	体育消费代金券	体育消费监测机制
泰安	无	有	有	有	无
威海	有	有	有	有	无
日照	有	有	有	有	有
临沂	有	有	无	有	无
德州	有	有	无	无	无
聊城	无	有	无	有	无
滨州	有	有	有	有	无
菏泽	无	有	无	无	无

二、数据处理

(一)指标的无量纲化方法

由于评价体育消费发展水平的指标非常多,而指标之间的单位和数量级有很大差异,无法直接进行数据的比较和排序,为保证结果的合理性、可靠性,还需要对各指标进行无量纲化处理。

指标无量纲化处理的方式有很多,包括相对化处理法、功效系数法和标准分数法等。根据本书研究的需要,对三级指标数据进行无量纲化处理时,采用无量纲化处理方法中的功效系数法,对每一评价指标设置最低60分的及格分,最高100分的满分,计算出每一指标的得分值,确保各指标数据之间的可比性。具体公式如下:

$$X=[X_i-\mathrm{Min}(X_i)]/[\mathrm{Max}(X_i)-\mathrm{Min}(X_i)]\times d+c$$

式中,X_i 是单项指标实际值,$\mathrm{Max}(X_i)$是单项指标各地市最大值,$\mathrm{Min}(Xi)$是单项指标各地市最小值,c 取 60,d 取 40。将表 1~4 中的数据进行无量纲化处理，形成各一级指标得分值。

（二）计算一级指标得分

山东省体育消费发展指数的计算方法是定权累加法，权重是结合指数自身的设计框架和专家意见，通过层次分析法（AHP）确定的。

评价指标体系由不同的指标组成，每个指标都对最终的评价结果有贡献，但是某些指标比其他指标可能更重要。因此，纳入评价指标体系中的指标需要通过权重值加以区分，山东省 16 地市产业基础、消费活力、供给能力、发展环境 4 个维度的得分及排序如表 4-9 所示。

表 4-9　2022 年山东省 16 个市级行政区体育消费指数排名

地区	产业基础		消费活力		供给能力		发展环境		体育消费指数	
	得分	排名	得分	排名	得分	排名	得分	排名	得分	排名
济南	84.50	2	82.86	2	79.64	4	96.00	3	84.85	2
青岛	88.18	1	85.60	1	84.60	1	100	1	88.70	1
淄博	64.84	10	65.92	16	77.66	6	96.00	3	75.24	9
枣庄	63.61	13	77.85	4	74.93	9	96.00	3	77.75	6
东营	61.25	16	73.64	5	66.95	14	86.00	11	71.63	13
烟台	76.46	4	72.79	7	78.28	5	96.00	3	79.81	5
潍坊	68.09	8	69.75	11	72.72	10	86.00	11	73.56	12
济宁	66.26	9	67.55	14	76.43	8	96.00	3	75.65	8
泰安	64.05	12	73.36	6	70.49	11	88.00	10	73.56	11
威海	79.75	3	72.75	8	81.23	3	96.00	3	81.34	4
日照	64.53	11	82.81	3	81.54	2	100	1	82.21	3
临沂	68.44	7	72.54	9	69.98	12	86.00	11	73.64	10
德州	73.14	5	69.76	10	68.59	13	76.00	15	71.33	14
聊城	61.77	15	66.40	15	64.79	16	78.00	14	67.31	16

续表

地区	产业基础		消费活力		供给能力		发展环境		体育消费指数	
	得分	排名	得分	排名	得分	排名	得分	排名	得分	排名
滨州	62.71	14	69.46	12	77.39	7	96.00	3	75.80	7
菏泽	68.46	6	69.03	13	65.00	15	68.00	16	67.50	15

三、聚合归一化指标

根据每一指标权重和得分，通过聚合方法将所有的指标数据进行计算，以形成一个复合指数。山东省 16 地市体育消费发展指数得分及排名如图 4-2 所示。

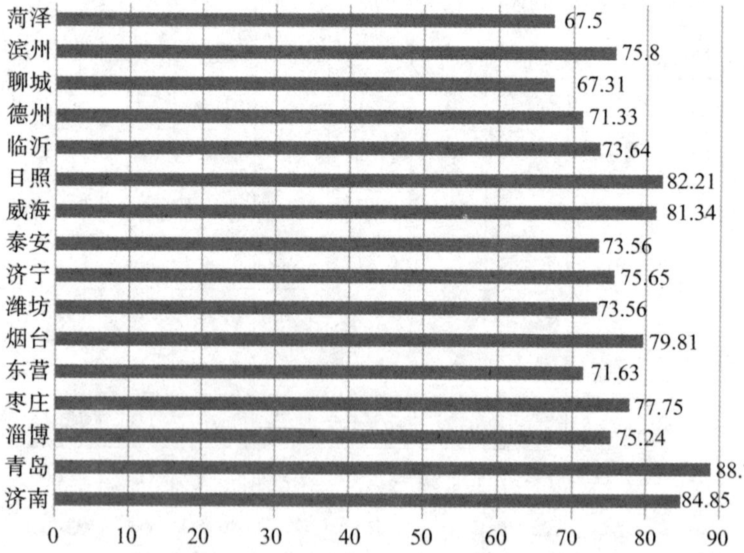

图 4-2　山东省不同地市体育消费发展综合指数

第四节　山东省体育消费发展指数分析

一、山东省体育消费发展水平分析

近年来，山东省省委、省政府高度重视发展体育产业、促进体育消费工作，从供需双侧发力，促进体育消费提质扩容。2022 年山东省城乡居民人均体育消费支出为 2163.81 元，相较 2021 年的 2090 元，增长了 3.5%。按照 2022 年山东省常住居民 1.02 亿人的规模测算，全省体育消费规模达到 2207 亿元，相较 2021 年的 2131.8 亿元，增长了 3.53%。居民人均体育消费支出占当年全省居民人均可支配收入的 5.76%、人均消费支出的 9.55%。

根据不同省市公布数据来看，不同省市居民体育消费存在一定差异。不同省市居民体育消费支出水平基本与人均 GDP 排名一致。2022 年，江苏省居民体育消费支出为 2667 元，浙江省为 2835 元，上海市为 3436 元，详见图 4-3。

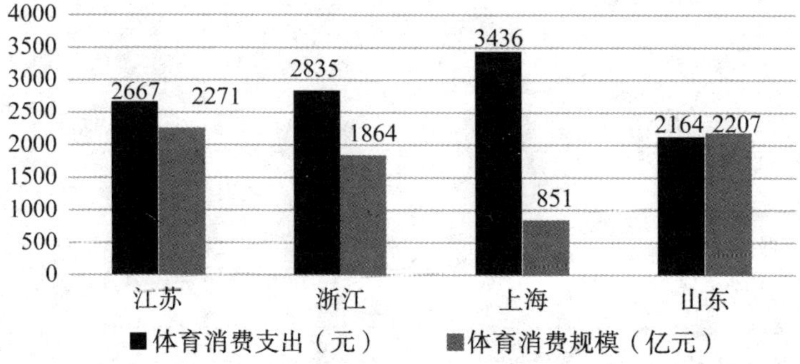

图 4-3　2022 年全国部分省市居民体育消费支出比较

二、山东省各地市体育消费发展指数分析

对山东 16 地市 2022 年的无量纲化数据计算得到山东省各地市的体育消费发展指数得分，得分越高，表明体育消费发展水平越高，最终得分如下表 4-10 所示。

表 4-10 2022 年山东省 16 个市级行政区体育消费指数排名

地区	体育消费指数	
	得分	排名
青岛	88.70	1
济南	84.85	2
日照	82.21	3
威海	81.34	4
烟台	79.81	5
枣庄	77.75	6
滨州	75.80	7
济宁	75.65	8
淄博	75.24	9
临沂	73.64	10
泰安	73.56	11
潍坊	73.56	12
东营	71.63	13
德州	71.33	14
菏泽	67.50	15
聊城	67.31	16

从表 4-10 中可以看出，山东省体育消费发展指数最高分为青岛市的 88.70 分，最低分为聊城市的 67.31 分，相差 21.39 分，表明各地市体育消费区域间发展差距较大。

从总得分来看，山东省 16 个地市的体育消费发展得分呈现明显的“阶梯状”发展特征。以青岛、济南、日照和威海为首的第一梯队得分均高于 80 分，位于领先位置，且领先优势明显。烟台、枣庄、滨州、济宁、淄博、临沂、泰安、潍坊、东营、德州得分均在 70～80 分，为第二梯队。菏泽、聊城得分低于 70 分，为第三梯队。

（一）第一梯队（超过 80 分）：青岛、济南、日照、威海

在这 4 个城市中，青岛、日照是国家级体育消费试点城市，济南是省会城市，威海的体育产业发展基础、供给能力、发展环境三个一级指标得分均居第 3 位，使得最终指数得分超过 80 分。

1. 青岛市

青岛作为国际知名的“帆船之都”“足球之城”“田径之乡”以及国家体育总局批准的首批 40 个全国体育消费试点城市之一，具有良好的体育传统、体育文化和坚实的体育基础。随着体育在青岛城市发展中的作用日益凸显，抓紧开启全球体育城市建设进程，已经成为新时代青岛高质量发展的战略选择，对青岛建设国家中心城市、国际消费中心城市及提升全球城市消费能级具有重要意义。青岛市正处于重塑体育消费新格局、打造消费新业态，迈向“活力海洋之都、精彩宜人之城”的关键时期，体育与文化、旅游、商业、乡村振兴等领域深度融合，市场主体更具活力，体育文化供给更加丰富，体育消费更为活跃。青岛体育产业发展整体向好而行、向新而生、向深而为，已成为名副其实的体育消费魅力城市，是整个山东乃至沿黄流域的新消费高地，在促进青岛经济高质量发展方面优势突出、作用举足轻重。2021 年，全市体育产业总规模为 807.54 亿元，体育产业增加值占 GDP 比例为 2.23%。2022 年，全市 GDP 为 14920.75 亿元，GDP 总量位居全省第一。全市共有体育产业法人单位 8434 家，居民人均体育

消费支出为 3118.8 元，体育消费占总消费支出的 9.6%。全市人均体育场地面积 3.26 平方米，共有省级及以上体育产业基地 20 家、体育服务综合体 6 家。综合各类指标及权重，体育消费发展指数得分为 88.7 分，居全省第 1 位。

2. 济南市

济南作为山东省会城市，是山东政治、文化和教育中心。近年来，济南市政府多措并举，加快发展体育产业，相继出台了体育产业发展政策体系，建立了年度体育产业、体育场地调查统计体系。成功举办了济南市冬季畅游泉水国际邀请赛、马拉松游泳冠军赛暨世界杯选拔赛、泉城（济南）马拉松等系列高端赛事。2022 年，全市拥有体育产业单位 8792 家，建有国家级体育产业基地 2 个、省级体育产业基地 13 个。全市 GDP 为 12027.5 亿元，GDP 总量位居全省第二，为济南市体育产业特别是体育服务业的发展创造了良好条件。2021 年，济南市体育产业总产出为 615.95 亿元，体育产业增加值为 233.14 亿元，位列全省第二；体育产业增加值占全市 GDP 的 2.04%。2022 年，全市常住人口为 941.5 万人，全市城乡居民人均体育消费支出 2904.9 元，体育服务消费占体育消费的 50.87%，体育消费规模增速 4.59%。综合各类指标及权重，体育消费发展指数得分为 84.85 分，居全省第 2 位。

3. 日照市

日照是龙山文化的发祥地之一，也是全国首批体育消费试点城市。日照扎实推进“现代化海滨体育名城”建设，积极扩大体育服务供给力度，大力发展体育产业，加快推进体育产业扩容提质、动能转换，打造了一批优质体育产业示范项目，拥有国家级体育产业基地 2 个、省级体育产业基地 8 个、体育旅游精品线路 12 条。日照奥林匹克水上运动小镇入选第一批国家级运动休闲特色小镇试点项目，奥林匹克水上运动公园获评国家级体育综合体典型案例。积极推进“体育＋”服务发展模式，“体医融合”经验在全省推广。日照制定印发《日照市推进国家体育消费试点工作实施方案》《日照市体育局关于促进体育消费和体育夜间经济发展的十项措施》《2022 年日照市时尚体育消费季活动实施方案》《日照市激发潜力提振消费 20 条政策措施》等促进体育消费具体方案措施，加强责任落实，进一步激发消费潜力，提振消费信心。2022 年，全市居民人均体育消费支出为 2333.3 元，体育消费占总消费支出的 12.96%，体育消费发展指数得分为 82.21 分，居全省第 3 位。

4. 威海市

威海是国务院批复确定的中国山东半岛的区域中心城市、重要的海洋产业基地和滨海旅游城市。近年来，该市先后出台《关于公共体育服务体系建设的实施意见》等文件，开展公共体育服务条件良好，拥有国家级体育产业基地 3 个、省级体育产业基地 12 个，人均体育场地面积 3.58 平方米。成功打造了威海国际帆船赛、威海国际长距离铁人三项赛、国际青少年网球巡回赛、千里海岸线全国徒步大会等品牌赛事活动。积极探索“体育＋温泉养生”的体育产业发展新模式，在市立医院、中心医院探索体医结合的新路子，成为全省体卫融合发展的新典范。2021 年，全市体育产业总产出 281.43 亿元，体育产业增加值 100.5 亿元，体育产业增加值占全市 GDP 的 2.9%。2022 年，全市常住人口为 291.78 万人，全市居民人均可支配收入 46638 元，人均体育消费支出 2185.2 元，拥有 5 家体育服务综合体和 6 条体育旅游精品线路。综合各类指标及权重，威海市体育消费发展指数得分为 81.34 分，居全省第 4 位。

（二）第二梯队（70～80 分）：烟台、枣庄、滨州、济宁、淄博、临沂、泰安、潍坊、东营、德州

5. 烟台市

烟台为中国首批 14 个沿海开放城市之一、国际著名海滨城市、山东三大核心城市之一，是国务院批复确定的中国山东半岛的中心城市。烟台体育工作坚持以人民为中心的发展理念，全市体育健身器材设施覆盖率达到 95%以上，城区范围建成 15 分钟健身圈。2022 年，烟台通过发放体育惠民消费券，产生直接消费 731.34 万元，间接消费 4000 余万元。

2021年，体育产业总产出为488.03亿元，体育产业增加值为176.94亿元，体育产业总产出占全省GDP的2.03%。2022年，烟台实现地区生产总值9515.86亿元，全市体育彩票销售额达到12.23亿元，烟台全年居民人均可支配收入45143元，人均消费支出28001元，人均体育消费支出2234.8元，体育消费发展综合指数得分为79.17分，居全省第5位。

6. 枣庄市

枣庄是中国首个“海峡两岸交流基地”和“全国健身秧歌城市”。为推动全民健身事业发展，加快建设更高层次、更高水平的全民健身公共服务体系，枣庄打造了“枣运动 枣健康”全民健身品牌，推动赛事活动向基层延伸，98%的行政村建有健身广场，公共体育设施向社会开放率达到100%。2021年，枣庄GDP为1951.57亿元，体育产业总产出为67.76亿元，体育产业增加值为24.26亿元，体育产业增加值占全市GDP的1.24%。2022年，全市人均体育场地面积达到2.55平方米，全市体育彩票销售额达到5.8亿元，全市居民人均可支配收入31477元，人均体育消费支出2128.3元，共有省级及以上体育产业基地7家、体育服务综合体3家，体育消费发展指数得分77.75分，居全省第6位。

7. 滨州市

滨州被称为“渤海之滨”“黄河之州”，是国家级交通运输主枢纽城市。近年来，滨州体育产业政策环境不断优化，先后印发了《滨州市体育产业四项十条》和《滨州市体育产业考核办法》，优化了以“市场驱动为主、政府引导为辅、主体发展为要”的产业发展环境。2021年，全市体育产业总规模73.01亿元，体育产业增加值占全市GDP的0.89%。打造了环滨州黄河风情带国际公路自行车赛、马拉松赛、沿黄自行车赛等品牌赛事。全市共拥有免费、低收费开放体育场馆7家，体育场馆建设与运营情况良好。作为山东省冰雪运动消费券试点城市，完成阳信东山滑雪场山东省冰雪运动消费券试点活动单位申报工作。2022年，滨州市常住人口为391.86万人，全市居民人均可支配收入34099元，全市城乡居民人均体育消费支出1865.4元，拥有10家体育产业基地、3家体育综合体。综合各类指标及权重，滨州体育消费发展指数得分为 75.80 分，居全省第 7 位。

8. 济宁市

济宁是山东省政府批复的淮海经济区中心城市之一，人文旅游资源丰富，拥有孔府、孟府等 41 处全国重点文物保护单位，同时也是交通枢纽城市，京杭大运河纵贯全境。2021 年，全市 GDP 达 5069.96 亿元，同比增长 8.5%，体育产业总规模 168.55 亿元，体育产业增加值 61.2 亿元，体育产业增加值占全市 GDP 的 1.21%。2022 年，济宁市 GDP 为 5316.9 亿元，常住人口为 829.06 万人，体育彩票销售额为 10.8 亿元。全市居民人均可支配收入 33628 元，人均消费支出 19051 元，人均体育消费支出 1943.6 元，体育消费总规模达 161.13 亿元，体育消费发展综合指数为 75.65，排名全省第 8。

9. 淄博市

淄博是齐文化发祥地，世界足球起源地。2021 年，全市体育产业总规模达 121.2 亿元，体育产业增加值占全市 GDP 的比重为 1.10%。成功举办淄博体育旅游节、“起源地杯”青年足球锦标赛、全国电竞大赛、马拉松系列赛事。创建省级体育产业基地 11 个，打造 4 条省级体育旅游精品线路、两个 A 级体育技能培训机构，临淄蹴鞠连续 3 年被评为中华文化优秀民族项目，实现体育彩票销售 11.7 亿元。淄博以消费试点为抓手，打造体育消费“新样板”，持续开展体育消费券发放活动，全市 9 家市场主体参与 2023 山东省冰雪消费季，共发放消费券 20.3 万元，直接拉动体育消费 91.3 万元。2022 年，全市城乡居民人均体育消费 2248 元，人均体育场地面积 3.47 万平方米。综合各类指标及权重，淄博体育消费发展指数得分为 75.24 分，居全省第 9 位。

10. 临沂市

临沂是东夷文化的核心发祥地，是国务院批复确定的山东省地区中心城市、现代工贸城市和商贸物流中心。临沂以“办人民满意体育”为宗旨，持续强化党建引领，优化全民健身公共服务，高质量发展体育产业。

临沂百里滨河健身长廊被国家体育总局命名为“全民健身体育运动示范基地”。全市现有体育消费试点县1个、体育综合体1个、体育旅游路线7条、省级体育产业基地15个，居全省第5名。2021年，全市体育产业总产出189.02亿元，体育产业增加值占全市GDP的1.29%。2022年，临沂共有体育产业企业3603家，人均体育消费1828.4元，体育消费占消费总支出的11.2%。综合各类指标及权重，临沂体育消费发展指数得分为73.64分，居全省第10位。

11. 泰安市

泰安是鲁中地区中心城市之一，依泰山而建，山城一体。近年来，泰安市以新发展理念为引领，围绕建设新时代现代化体育强市这一目标，以高质量发展为主题，以深化供给侧结构性改革为主线，以打造“泰山”体育品牌形象为统领，推动体育事业与经济社会各领域协调发展，不断提升体育发展水平，努力满足人民高品质生活的体育需求，全面提高体育事业综合实力和竞争力。泰山国际登山比赛、泰安国际马拉松与宁阳蟋蟀世界杯项目分别被国家体育总局评为“2022中国体育旅游十佳精品赛事”“2022中国体育旅游精品赛事”与“中国体育文化优秀民俗民间项目”。截至2022年，泰安共设国家级体育产业基地1个、省级体育产业基地7个、省级体育综合服务体2个，人均体育场地面积2.95平方米。人均体育消费1980.8元，体育消费支出占比9.81%，体育消费发展指数得分为73.56分。

12. 潍坊市

潍坊是山东的重要交通枢纽，属新一批城市开展创新型城市，总面积1.61万平方千米，常住人口927.72万人，是著名的世界风筝之都、全国文明城市。近年来，潍坊体育产业政策环境不断优化，先后出台《潍坊市人民政府办公室关于促进全民健身和体育消费推动体育产业高质量发展的实施意见》《潍坊市加快体育产业发展十项措施》等政策措施，推动体育产业健康发展。潍坊在全省率先开展“体育+”产业融合知名品牌创建活动，培育产业融合知名品牌26家、省级体育旅游示范基地1家。全市共有体育产业企业 2558 家，发展水平居全省前列。以体育健身俱乐部为主要内容的体育服务业蓬勃发展，全市健身俱乐部达到 800 余家。2022 年，潍坊市举办第十二届全民健身运动会、山东省“百千万”三大赛潍坊赛区比赛等各类赛事活动 1400 余场次，参与人数达 2000 万人，活动规模和数量均居全省前列。2021 年，潍坊市体育产业总规模达到 244.77 亿元，体育产业增加值占全市 GDP 的 1.26%。2022 年，全市居民人均可支配收入 39365 元，人均体育消费支出 2065 元，共有 10 家单位获评省级体育产业示范基地，7 家单位获评省级体育服务综合体，4 条体育旅游线路获评省级体育旅游精品线路。综合各类指标及权重，潍坊体育消费发展指数得分为 73.56 分。

13. 东营市

东营是国务院批复确定的中国黄河三角洲中心城市、中国重要的石油基地，被评为中国“六大最美湿地之一”。东营注重体育发展，先后发布《东营市体育事业发展“十四五”规划》《东营市全民健身实施计划(2021～2025 年)》《东营市人民政府办公室关于促进全民健身和体育消费推动体育产业高质量发展的实施意见》，积极探索“体育＋旅游”融合发展，全年新增体育场地 24 个、占地 1.4 万平方米，人均体育场地面积达 3.25 平方米。市健身气功协会全民健身志愿服务项目、市长跑运动协会志愿服务队赛事志愿服务项目和河口区“全民健身我助力”体育志愿服务项目成功入选 2022 年全国全民健身志愿服务项目库。2021 年，全市体育产业总规模 59.19 亿元，体育产业增加值占全市 GDP 的 0.57%。2022 年，全市 GDP 为 3620.74 亿元，共有体育产业企业 2252 家，全市城乡居民人均体育消费支出 2318.61 元，体育消费总规模达 50.55 亿元。综合各类指标及权重，东营市体育消费发展指数得分为 71.63 分。

14. 德州市

德州是国务院批复确定的中国冀鲁交界地区交通枢纽和经济中心、中国优秀旅游城市，是山东省首个国家级体育产业基地。德州市委、市政府从城市战略布局和全市体育发展实际出发，制定实施《德州市全民健身实施计划(2021～2025年)》《德州市特色体育名城建设三年行动计划(2022～2024)》等,以建设特色体育名城为目标,提升体育产业质量,提高体育竞技水平,打造全民健身品牌,力争将德州打造成为体育科技创新名城、体教深度融合名城、体育赛事名城、全民体育消费名城、大运河体育文化名城、高端体育制造名城。体育产业方面,德州是全省唯一的国家体育产业联系点城市,产品涵盖范围广。2022年,全市共有体育产业企业2411家,体育产业总规模400亿元;实现营收110.5亿元,同比增长7.9%;实现利润14.32亿元,同比增长7.5%。全市GDP为3633.1亿元,城乡居民人均体育消费支出1877.68元,体育消费总规模为97.89亿元。综合各类指标及权重,德州市体育消费发展指数得分为71.33分。

(三)第三梯队(低于70分):菏泽、聊城

15. 菏泽市

菏泽是中国牡丹之都,也是著名的武术之乡。近年来,菏泽在注重传统武术传承发展的同时也不断探索新路径,积极培育引进菏泽马拉松、武术大赛、越野赛等国内外优质体育赛事资源,为加快发展体育产业、促进体育消费作出了积极贡献。2021年,全市体育产业总产出为163.04亿元,体育产业增加值为68.37亿元,体育产业增加值占全市GDP的1.72%。2022年,全市常住人口为868.3万人,全市居民人均可支配收入25190元,人均体育消费支出1767.8元,拥有体育产业企业1888家。综合各类指标及权重,菏泽市体育消费发展指数得分为67.50分。

16. 聊城市

聊城是国家历史文化名城。近年来,聊城围绕“河湖秀美大水城,宜居宜业新聊城”主题,挖掘运河文化和温泉文化,以品牌赛事为龙头、休闲体育为核心、项目发展为支撑、康复养生为特色打造“体育+旅游”品牌,推动体育产业与旅游产业深度融合。2021年,全市体育产业总产出为58.01亿元,体育产业增加值为21.89亿元,体育产业增加值占全市GDP的0.83%。2022年,全市GDP为2779.8亿元,人均可支配收入25863

元，人均体育消费支出 1770.7 元，其中服务型体育消费占比 39.39%。综合各类指标及权重，全市体育消费发展指数得分为 67.31 分。

第五节　山东省体育消费提质扩容的“痛点”“堵点”

体育产业的发展离不开供给端的要素供给和需求端的消费引导，当前，体育产业在需求侧和供给侧都存在制约发展的因素。[①] 近年来，尽管山东省体育消费市场取得长足发展，但是体育消费有效需求不足、供给侧与需求侧之间不平衡、发展不充分不平衡的现象仍然存在。相较人们多元化、个性化的体育消费需求，山东省居民体育消费在有效需求、产品品质、消费水平、消费结构等诸多方面仍面临着缺质、少量的“痛点”，成为制约山东迈向体育强省的瓶颈性问题。准确识别体育消费发展面临的关键问题，打通各环节堵点、难点，是缓解体育消费内部约束的理论前提与实现体育消费提质扩容的现实所需。

一、居民体育消费有效需求不足

全球经济增长趋缓态势明显，不稳定、不确定性因素较多，国内需求不足制约仍然存在，一些结构性问题还比较突出，居民消费增速近年来逐渐放缓。消费增长低迷，导致了居民被动储蓄，2022 年底我国住户存款增加达到创纪录的 17.84 万亿元。根据世界银行数据，2015 年，世界平均的居民消费率为 58%。其中，高收入国家平均居民消费率为 60%，中高收入国家平均为 51%，中低收入国家平均为 66%，低收入国家平均为 78%，而同期我国居民消费率仅为 37%，不仅低于同收入组别国家（中高收入国家）的平均消费率，也低于其他组别的消费率，体育消费发展面临基本总量约束。

① 参见刘扶民：《贯彻落实〈国务院办公厅关于促进全民健身和体育消费　推动体育产业高质量发展的意见〉推动体育产业成为国民经济支柱性产业》，《体育科学》2019 年第 10 期。

内需不足，特别是消费需求不足，成为我国经济持续健康发展的重要障碍。从经济发展规律和发达国家实践经验来看，山东省人均 GDP 虽早已超过 10000 美元这一体育消费爆发“奇点”，但体育消费并未如预期那样遵循国际惯例出现“井喷式”爆发增长，体育消费升级迟迟未能完成，体育消费领域始终在积极探索破局之策。国家发展和改革委员会公布的数据显示，到 2021 年底，我国人均体育场地面积达到 2.41 平方米，经常参加体育锻炼人数比例达 37.2%。体育人口是体育消费市场的基础，山东省作为体育大省，虽有一定的体育消费人口基础，但较大部分人群并没有真正参与体育消费的过程，体育作为倡导健康生活方式的习惯尚未普遍形成，居民体育意识普遍不强，体育消费尚未成为生活性消费的组成部分。截至 2022 年，山东经常参加体育锻炼人数达到总人口的 40.5%。经常参加体育活动的群体数量不大，体育消费有效需求不足现象依旧存在。体育消费率较低，影响了山东省城乡居民体育消费总规模。

体育作为倡导健康生活方式的习惯尚未普遍形成，居民体育意识普遍不强，体育消费尚未成为生活性消费的组成部分。尽管各级政府制定了系列鼓励体育消费的政策，促进体育消费的快速增长、消费内容升级，拓展体育消费空间，将体育产业打造成国民经济支柱产业。从国际和国内消费需求来看，体育产业发展和居民体育消费仍处于相对落后的状况。2022 年，山东省城乡居民体育消费水平落后于北京、上海、江苏、浙江等省市的发展水平，详见图 4-5。

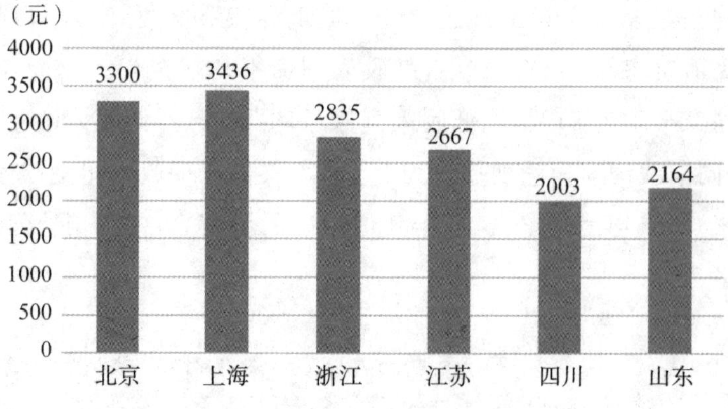

图 4-5　2022 年全国部分省市人均体育消费支出情况

二、体育消费发展不平衡

(一)区域结构失衡

山东省是中国北方地区经济总量最大的省份，16 地市经济发展差异较大，各市县之间发展不平衡，产业结构和发展速度存在较大差异。受社会经济发展水平、市场成熟程度、资源禀赋、体育消费意识等因素影响，山东省各地市人均体育消费水平呈现出显著的阶梯式分布格局，仍然存在各个层面的深度不均衡现象，体育产业总体布局失衡，整体呈现“东强、中平、西弱”格局，区域协同有待强化。根据调查，2022 年全省城乡居民体育消费支出为 2163.8 元，其中体育消费支出水平最高的是青岛市，为 3118.8 元；支出水平最低的是菏泽市，为 1767.8 元，呈现出典型的东强西弱的发展态势，详见图 4-6。区域体育产业关联度和互补性较低，尚未形成以点带线、以线带面的联动效应。

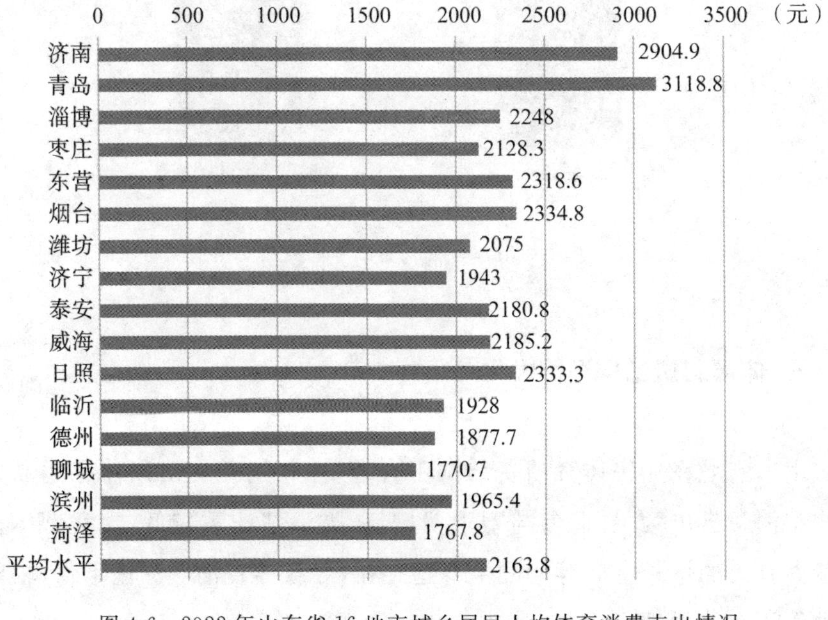

图 4-6　2022 年山东省 16 地市城乡居民人均体育消费支出情况

注：青岛市、日照市数据来源于两地体育消费调查报告。

(二)城乡发展失衡

随着城市经济的快速发展,城市地区的人均收入、体育公共服务供给等远高于农村地区,进而导致了城乡居民体育消费的显著差异。2022年,山东省居民人均可支配收入37560元,其中城镇居民人均可支配收入49050元,农村居民人均可支配收入22110元,城乡居民收入倍差为2.22。城市居民人均体育消费支出为2301元,农村居民人均体育消费支出为1791元,城市居民人均体育消费支出是农村居民的1.28倍,详见图4-7。

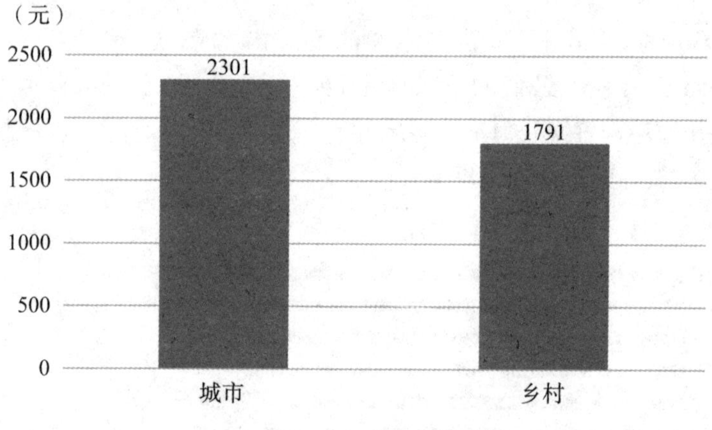

图4-7　2022年山东省城乡居民体育消费支出情况

三、体育消费结构有待优化

山东省城乡居民体育消费结构不合理,体育消费支出以体育用品等实物型消费支出为主,而参与型消费、服务类消费比重较低,观赏型体育消费尚有大的增长空间等问题也普遍存在,导致体育消费黏性不强,辐射带动作用有待发挥。

根据消费内容,可将体育消费分为体育用品消费、健身休闲消费、体育观赛消费、体育保健与康复消费、体育参赛消费、体育教育培训消费、体育旅游消费、体育文化消费、体育彩票消费、体育消息消费、其他体育消费等11个类别。其中,2022年山东省城乡居民人均体育消费支出为2164元,其中实物型、服务型、博弈型体育消费支出分别为960.5元、1006.5元和197元,占体育消费总支出比例分别为44%、47%和9%。详见图4-8、图4-9。

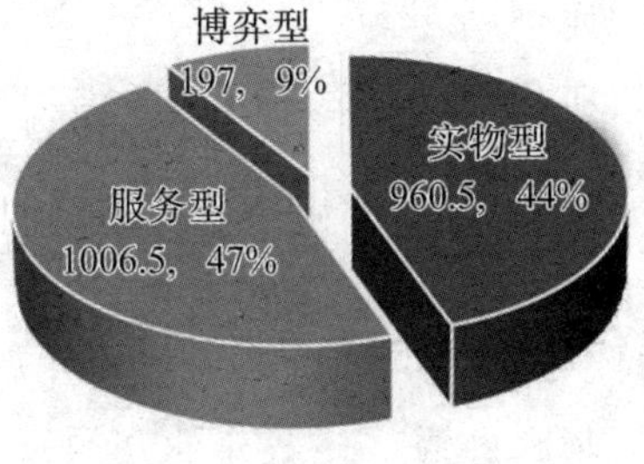

图4-8　2022年山东省城乡居民体育消费结构

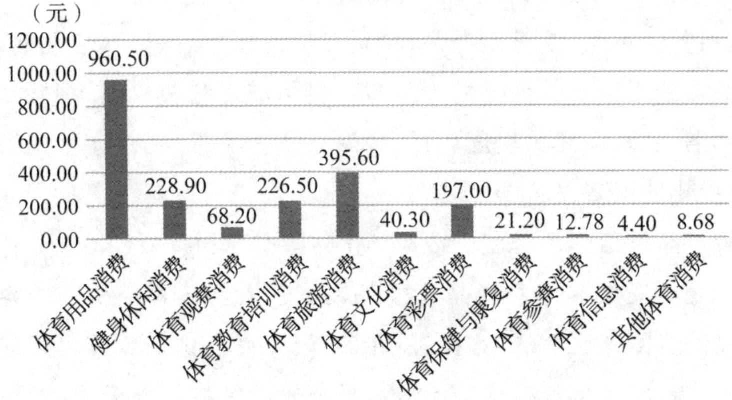

图4-9　2022年山东省城乡居民体育消费支出结构

四、体育产品供给质量有待提升

随着居民生活水平的提高,人们对高品质消费的认知逐渐清晰,消费偏好逐渐从“有没有”转向“好不好”。以面向低收入群体为主的供给体系，没有及时调整为以面向中等收入群体为主的供给体系。多领域高品质产品和服务供给不足的矛盾日益突出，难以满足人民群众日益升级的健身休闲、竞赛表演、体育培训、体育旅游等业态的多元化、个性化、多层次、高品质的体育消费需求，抑制了居民体育消费需求，导致消费者“储币待购”，或者通过异地或境外购买的方式消费，导致体育消费需求外溢，极大影响到体育产业的发展质量和发展水平。由于国内供给侧的问题，消费品和服务跟不上市场需求的变化，中高端产品和品质服务相对短缺，不能满足人们日益增长的对美好生活的需要，出现部分居民到境外市场抢购商品的现象。[①] 从体育产品和服务的供给来看，针对消费者个性化、多样化体育消费需求的体育产品还很不足，定制化的体育消费产品尚待起步，体育产品和服务的标准化建设尚待加强。体育产品有效供给不足，导致居民体育消费需求抑制和外溢。体育企业在重视规模扩张的同时忽视了产品质量提升，高品质消费品的生产能力远远无法满足日益增长的国民需求，目前体育产业发展中，体育用品过于传统，产品雷同，高端产品供给不足，科技含量低，缺乏新产品，特别是缺乏国内、国际知名品牌产品，体育产品多处于全球价值链的中低端。供给缺乏科技含量、国际竞争力和国际知名品牌，国际化程度较低，国际竞争力不强，无法满足消费者个性化、差异化的消费需求。

体育产品供给体系对需求结构变化的适应性和灵活性不高。体育产业部门或企业提供的体育产品及服务决定着人们体育消费的内容和行为。居民消费偏好逐渐从“有没有”转向“好不好”，供需矛盾也从数量和规模的矛盾转向质量和结构的矛盾。目前供给结构调整升级相对滞后，供给侧对需求变化的适应性调整明显滞后，有效供给不足，供给质量不高，供给内容不足，供给形态基本雷同，服务项目少，服务层次较低，难以满足人民群众日益升级的健身休闲、竞赛表演、体育培训、体育旅游等业态的多元化、个性化、多层次、高品质的体育消费需求，导致供给结构与需

① 参见陈新年：《顺应居民消费升级趋势 加快构建新发展格局》，《宏观经济管理》2021 年第 3 期。

求结构相脱节。《“健康中国 2030”规划纲要》指出：健康服务供给总体不足与需求不断增长之间的矛盾依然突出，健康领域发展与经济社会发展的协调性有待增强。体育科研、健康管理、运动康复指导培训行业仍存在大量空白，“体育＋教育”“体育＋卫生”“体育＋旅游”“体育＋传媒”等多个业态融合发展不够深入。我国在体育赛事举办方面的数量不多，有影响力的本土原创商业赛事十分稀缺，尤其是中国足球的竞技水平与观赏价值一路降低，大大减弱了观众对国内职业联赛的兴趣，因此更多消费者更加青睐于国外高水平的体育职业联赛。体育职业联赛消费的持续缩水极大地制约着我国观赏型体育消费的发展进程。以面向低收入群体为主的供给体系没有及时调整为以面向中等收入群体为主的供给体系，导致中低端产品过剩、高端产品供给不足，无法满足多样化、个性化的消费需求。

这也表明，之前的生产结构、供给体系已经不能满足庞大的中等收入家庭多元化、个性化、品质化的消费需求，不利于消费潜力的释放，不能适应升级后的消费需求，产业低水平重复过剩与高品质产品短缺并存是当前存在的一个较突出的结构性问题。2023 年亚冠比赛，泰山主场迎战日本横滨水手，最低门票售价 150 元，4 万余名观众抢购。杭州亚运会释放各类比赛门票 30 万张，一票难求延续整个比赛过程，门票收益 6 亿元。济南奥体中心、体育中心羽毛球场地难求，需提前两天预约，价格也是水涨船高。部分城乡居民体育消费意愿因体育产品和服务的供给质量问题被抑制。

五、扩大体育消费的政策合力尚未形成

近年来，国家对于体育产业发展的扶持政策力度加大，出台了一系列促进体育产业发展的政策措施，但在落实上没有形成合力。产业政策法规按照法规效力层次由高到低可以划分为：法律法规（包括规定、规程、标准）、条例、政策（包括计划、规划、纲要、方案、程序）、意见（包括报告、决

定)、办法(包括通知)5个,其法规效力呈现出递减状态。作为朝阳产业,体育产业同旅游、文化、教育等产业相比,政策效力层级还远远不够,对地方和企业的约束力低,“有令不行、有禁不止”是一种很普遍的现象,政策执行不力等问题没有得到实质性的突破。金融、土地、税费、水电等优惠政策,还没有得到有效落实,政策红利释放不到位。

体育消费政策顶层设计与具体措施并未达到同步进行,体育消费政策与原有政策执行体系仍存在对接不畅等问题。2018年,中共中央、国务院发布了《关于完善促进消费体制机制　进一步激发居民消费潜力的若干意见》,强调要顺应居民消费提质转型升级新趋势,依靠改革创新破除体制机制障碍,实行鼓励和引导居民消费的政策,从供需两端发力,进一步激发居民消费潜力,不断满足人民日益增长的美好生活需要。在体育消费政策实施的过程中,一些地方和部门对于新型体育消费在“促消费、稳增长”、建设体育强国等方面的作用认识不足。从2014年国务院《关于加快发展体育产业促进体育消费的若干意见》开始,明确要求取消商业性与群众性体育赛事的赛事审批,并在随后的相关政策中提出“一站式”办理与“谁主管,谁负责”的相关要求,但是仅仅依赖于顶层设计难以取得效果,由于缺乏具体部门协调机制与审批改革措施,相关部门不愿承担责任、相互推诿,挫伤了体育消费市场主体的信心与积极性。税收、土地、金融、水电等方面缺乏专项支持政策,目前已出台的体育产业政策大多侧重于宏观指导,缺乏针对性和操作性的细则,难以有效落地。

财政和金融支持力度不够,省级体育产业发展引导资金额度远远滞后于江苏、北京、浙江等省市。江苏省自2011年起,设立省级体育产业发展引导资金,以资助、贴息、奖励等方式扶持体育企业发展,资金额度于2014年便由设立之初的6000万元提升至1亿元。浙江也于2017年将资金额度由设立之初的5000万元,提升至1亿元。而山东省近年来资金额度一直维持在3000万元的规模,且于2019年停止发放体育产业引导资金发放。山东省体育消费代金券的规模也低于北京、江苏、浙江等省市,体育消费的补贴方式相对单一,以对企业和场馆发放补贴为主,缺少直接的"惠民"途径。消费券发放领取等方面的安排也有待完善。一是消费券存在被交易、转卖的情况。在消费券发放的过程中,有"黄牛"利用外挂程序大量抢券,再加价倒卖或以代付方式向真正消费的顾客出售,降低了消费券的消费带动效应。二是消费券领取方式以线上为主,对部分低收入人群、老年人和不发达地区的消费者不友好。三是消费券核销率有待提高。由于消费券的使用限制较多,核销受限,部分地区的消费券设计存在满减要求门槛过高、品类限制严格、有效时间较短等问题。消费者即使成功抢券,也较难达到使用门槛。还有一些消费券的折扣率设定较低,导致促消费的效果受到影响。

除此之外,政策红利释放不到位,体育与相关部门间的工作推进多处于单兵突进状态,尚未形成合力效应。尤其是金融、土地、税费、水电等优惠政策,还没有得到有效落实,现有的统计体系还不能全面及时地反映体育消费需求的新变化,统计信息服务、标准化建设和市场监管服务有待完善。

六、部分生产要素存在供给抑制情况

(一)体育场地等基础设施运转不畅

近年来,山东省体育基础设施建设成绩显著,但与民生密切相关的系列体育公共服务产品供给仍处于短缺状态,政府对体育公共服务投入不足,有限投入又较多地投入到竞技体育领域,人均体育场地、赛事、项目协会、社团、俱乐部存在较大缺口。截至 2022 年底,山东省体育场地共有 24.57 万个,占地面积 2.95 亿平方米,全省人均体育场地面积 2.9 平方米。但现有场馆主要集中在教育、军队、体育系统,开放率不高,普遍存在相对闲置浪费现象,人均可使用的场地面积远低于人均场地面积,体育场地等基础设施运转不畅,抑制了居民体育消费需求。

体育场地人均面积少,开放利用率较低,不能满足广大人民群众日益增长的健身需求。国家体育总局公布的全国体育场地统计调查数据显示，2019 年全国体育场地 354.44 万个，人均体育场地面积为 2.08 平方米，而美国和日本分别为 16 平方米和 19 平方米，人均体育场地面积少，滞后于欧美等发达国家平均水平。又据《第六次全国体育场地普查数据汇编》发布的结果，我国由教育系统管理的场馆高达 65 余万个，其中高校场馆数量为 48750 个，中专中技类学校运动场馆数量为 18573 个，中小学运动场馆数量为 584865 个，场馆总计 652188 个，面积占到全国场馆总面积的 53.01%。学校体育场馆作为离群众最近和最适合群众使用的场馆，开放率并不高，仅有 33%左右。部分场馆难以界定公益性和经营性的边界，导致运行不畅，难以开展活动，实际使用效果不佳。

公共体育服务等方面尚存在短板弱项。基本实现覆盖的健身路径，不被群众所接受，对居民的吸引力不强，存在有数量、无质量的现象，利用率较低。居民喜闻乐见的服务不多，居民的体育公共服务需求得不到满足，加上服务行业不规范、乱收费问题，不仅抑制了体育人口培育和发展，而且也抑制了居民体育消费需求的释放和增长。

（二）体育行业人才供给不足

体育行业人才供给不足，制约了体育消费满意度的提升。近年来，我国体育产业发展迅速，产业规模不断扩大，体育产业在经济中的地位和作用不断提高。同时，体育产业与其他相关产业的融合正在逐步进入“深水区”。体育行业人才供给严重不足，具体表现在管理人才、创新人才和基层人才三个方面，导致我国的体育消费满意度普遍不高。体育消费，尤其是体育服务消费的质量和满意度主要取决于劳动者素质。体育行业人才供给不足，制约了体育消费满意度的提升。山东省 137 个县市区，体育和教育部门已经合并为教体局，教体局没有设立体育产业的相关科室，人员和经费投入不足，影响到体育产业具体政策和工作在基层的贯彻实施，制约了体育产业的发展和体育消费的提质扩容。

体育人才培养水平与体育产业发展需求之间呈现出明显的供需矛

盾。体育产业单位名录库分析课题组公布的数据显示，2016～2018 年，我国体育产业从业人员分别为 440 万人、472.9 万人、464.88 万人，平均年增幅仅为 2.2%左右，2017～2018 年甚至出现负增长。体育产业从业人员平均增幅远远滞后于体育产业总产出和增加值两位数的发展增速。

与发达国家相比，体育产业从业人员占全国总就业人口的比例还有较大差距。美国体育产业的从业人员稳定在 320 万人左右，约占总就业人口的 2.5%；欧盟体育产业的从业人员达到 446 万人，占欧盟总就业人口的 2.12%，而我国体育产业从业人员 473 万人左右，仅占全国就业人员数的 0.61%。除从业人员缺口巨大外，体育产业管理人员也存在供给不足的情况，尤其是区县一级体育产业管理人员匮乏。山东省 137 个县市区的体育和教育部门已经合并为教体局，教体局没有设立体育产业的相关科室，人员和经费投入不足，影响到体育产业具体政策和工作在基层的贯彻实施，制约了体育产业的发展和体育消费的提质扩容。

（三）体育数据的生产要素作用尚待发挥

体育产业已成为国民经济重要的增长点，但体育产业统计工作处于严重的滞后状态，体育产业统计范围过窄，漏统现象严重，对于经济发展的贡献率被严重低估。体育产业覆盖面广，布局分散，构成复杂，以中小微企业为主，导致统计困难，法人单位名录库漏统现象严重。作为体育核心产业之一的竞赛表演业，创造的直接经济收益主要表现为商业赞助和门票收入，通过赛事撬动的交通、住宿、餐饮、旅游、购物等收益难以统计到体育产业口径中。

七、体育文化消费潜力尚待挖掘

消费文化是人们生产生活及消费活动中所体现出来的消费理念与消费方式，同时还包括人们所处的消费环境以及消费行为。消费文化将很大程度上决定着消费的需求规模以及需求取向。体育消费文化在扩大体育消费的过程中将产生巨大的指引与导向作用，这在消费理念、消费方式、消费行为与消费环境中都有不同程度的体现。体育文化消费会影响居民的体育价值观念、审美意识、体育活动质量，在体育消费中具有不可替代的作用。近年来，尽管涌现出一批体育文化主题的影视作品，但体育消费文化建设整体滞后，体育文化消费潜力仍待进一步挖掘。2022 年，山东省城乡居民人均体育文化消费支出为 40.30 元，仅占体育消费总支出的 1.86％。

八、消费时间缺乏弹性，影响了体育消费提升的效果

观赏型和参与型体育消费均属于能动性消费，需要在体验过程中实现人力资本的保值和增值，而充裕的时间及时间弹性是体育消费体验的基础。耗时性消费，没有充足的消费时间，肯定制约消费行为的实施，也就谈不上消费数量的扩大。居民消费的时间不充裕及缺乏弹性，影响了体育消费提升的效果。

第五章 促进体育消费提质扩容的实现路径

聚焦体育消费领域痛点、难点、堵点，培育和激发体育市场主体活力，改善消费条件，满足消费需求，创新消费场景，释放消费潜力，畅通消费链条，破除制约扩大体育消费的隐形壁垒，全面促进体育消费提质、扩容、增效。

第一节 体育消费水平较高省市的发展镜鉴与启示

在拉动经济的“三驾马车”中，消费的基础性作用越来越重要，加强消费能够增强内需市场的活力。调研发现，江苏、广东、四川、北京等地主动探索、积极创新促进体育消费的政策措施，通过政府补贴、打造体育消费新场景、培育体育消费新业态新模式、发放体育消费券、组织体育消费节等措施，把恢复和扩大体育消费摆在优先位置，促进居民体育消费转型升级，将体育消费打造成为拉动经济增长的新增长极。

一、打造体育消费新场景

为了顺应消费技术的升级、消费场景的数字化、消费模式的迭代变迁，作为首批国家级电子商务示范城市，成都在 2022 年的数字生活消费节上利用线上渠道，进一步挖掘直播等形式的消费潜力，通过消费者、商家和各区域的融合互动，尝试打造出一个全场景的消费“试验场”。

江苏南京市体育局连续两年打造100家体育消费新场景，重新定义南京市民的健康休闲生活方式。体育消费新场景含潮流项目33家、健身场馆30家、商业中心6家、户外营地11家、体育休闲企业12家、冰雪运动8家，涵盖了24小时营业的体育公园、户外航空飞行营地，集户外拓展、亲子互动、娱乐休闲、运动挑战于一体的无动力轻极限综合型游乐等项目，满足了多元群体多样化的体育消费需求。

湖南长沙积极推动建设国际消费中心城市，支持建设一批辐射带动能力强的区域消费中心城市，加强中小型消费城市梯队建设。促进传统消费场所向消费、体验、社交综合场景转变，培育“网红城市”“网红门店”“网红品牌”，打造一批“夜间经济”地标和“商旅文”融合打卡地。加快发展共享消费、定制消费、体验消费以及“智能＋”服务消费等新模式，在全省打造20个品质高端化、体验便利化、服务集成化的智慧商圈。支持开设节假日步行街、周末集市、休闲文体专区等消费场所，拓宽假日消费空间。

二、发放体育消费代金券

作为提振人气和消费的重要手段，发放体育消费券给市场主体注入信心，同时可以撬动居民体育消费。2021年，江苏省体育局发放体育消费券共计6000万元，参与人次超147万，拉动消费7.7亿元。同时积极举办丰富多彩的赛事活动，让市民参与其中，让体育企业参与进来并从中受益，重点凸显规模集聚效应、多元互生效应和品牌龙头带动效应，构建“政府＋协会＋企业＋俱乐部”等社会组织共同推动的发展模式带动体育消费。浙江省举办“爱运动·爱生活”主题活动，发布“体育消费热力地图”。湖北省面向本省17个市州发放总额为1亿元的“惠动湖北”体育消费券，以推动体育消费提质扩容，满足人民群众快速增长的健身需求，有效带动居民体育消费。

三、举办体育消费节

江苏省通过举办体育消费节、体育嘉年华、体育消费月等活动，促进体育融合发展。海南省木色湖桨板休闲体验活动将全民健身与亲水元素相融合，推动海南传统旅游消费和文化体育消费优化升级。安徽省黄山市“两赛一节”赛事活动，有效拉动体育消费，助力当地生态型国际化世界级旅游目的地城市建设。天津市首届“海河群英”线上跑活动创新了疫情形势下的全民健身方式，有效推动了全民健身服务，刺激了体育消费市场，扶持了体育健身服务行业发展，为天津“运动之都”建设营造了浓厚的全民健身氛围。

四、点亮“夜经济”

北京印发《北京市促进夜间经济繁荣发展的若干措施》，拓展特色夜间多元消费，首次尝试将2022年北京自行车联赛竞速自行车比赛、2022北京田径公开赛5k夜跑团体测试赛的时间安排在傍晚，丰富了夜间群众体育赛事，引领夜间体育消费新风尚，让人们在畅享健身快乐的同时，也让城市焕发出了无限活力。河南许昌市体育局依托“15分钟健身圈”公共体育设施，优化场馆职能，延长开放时间，不断提升夜间体育服务水平和服务能力，并积极培育夜间体育赛事，拉动体育消费，助力城市经济回暖。

五、夯实发展基础

深圳市推动群众体育蓬勃发展，持续做好“足、篮、排”三大球、“网、羽、乒”三小球、马拉松、体育彩票、棋类项目等传统消费项目供给，发展电子竞技等科技体育运动，在确保安全前提下大力推广水上运动、冰雪运动、攀岩等新兴时尚运动项目，鼓励发展击剑、马术、帆船、高尔夫、航空运动等中高端体育消费项目。高标准策划举办体育赛事，引进更多契合深圳城市特质的国际大型体育赛事，培育打造深圳马拉松、“中国杯”帆船赛、WTA 年终总决赛、世界田联钻石联赛（深圳站）等赛事品牌，完善体育赛事市场化运作机制，支持社会力量举办国际国内高水平体育赛事，开展重大体育赛事活动惠民直播（转播），有效激发全民健身热情，创新“全民健身日”“全民健身活动月”“线上运动月”“深圳踏青日”等全民健身系列活动形式，引导支持与全民健身相配套的智能穿戴、场馆器材、教育培训等产业发展。

六、打造“互联网＋”消费模式

推动电子商务平台提供体育消费服务，支持以冰雪、篮球、足球、赛车等运动项目为主要内容的智能体育赛事发展。为防控疫情，居民外出活动受到限制，“居家避疫”极大地促进了“宅经济”的发展，进一步推动在线教育、在线健身、运动 App 等新业态新模式加速崛起，激发出更多新的消费方式、消费内容和消费领域。北京市体育局携手京东运动为广大民众打造了一场运动消费盛宴。多家运动品牌参与提供大额满减消费券，为消费节锦上添花，让全民体育消费热度飙至新高。湖南长沙大力发展“互联网＋体育”，加快 5G、大数据、云计算、人工智能、虚拟现实等新技术在体育领域的应用，培育数字体育、在线健身、线上培训等新业务，支持举办线上赛事活动，推动体育场馆智能化、信息化建设，鼓励体育企业“上云用数赋智”，以科技创新驱动全民健身、竞技体育、体育产业全链条转型升级发展。

第二节　促进体育消费提质扩容的对策与建议

党的二十大报告强调，“把实施扩大内需战略同深化供给侧结构性改革有机结合起来，增强国内大循环的动力和可靠性”。促进居民体育消费提质扩容，应统筹实行体育产业供给侧结构性改革和体育需求侧管理，要顺应和把握消费升级大趋势，关注居民健身、休闲的需求，大力发展体育产业和健康消费，加快完善促进消费体制机制，以创新供给催动需求释放，以扩大有效需求倒逼供给升级，以消费升级引领产业升级，形成体育需求牵引供给、体育供给创造需求的更高水平的供求关系，实现体育市场的供需均衡。

一、需求侧：培育体育人口，实现体育消费提质扩容

体育人口、运动习惯、健身活动与组织等构成了体育消费的发展根基。体育人口增长是激发体育消费活力的首要条件，更是必要条件。体育消费市场的提质扩容，不仅需要体育产业发展的引领，还需要不断提升消费者的体育消费意识，转变消费者的体育消费行为，培育并逐渐形成一定规模的体育消费人口，着力解决好“谁来消费”的关键问题。从需求侧发力，重视体育教育，培育体育习惯，掌握体育技能，扩大体育人口基数，筑牢体育消费根基。

（一）弘扬全民健身理念

体育消费不仅是一种行为方式，也是一种价值理念。消费价值观、消费伦理、消费风俗和习惯等消费文化因素，影响并制约着消费者的消费行为。崇尚体育、崇尚健康的社会氛围是提高人口素质的关键。浓郁的体育锻炼文化氛围对于激发居民体育锻炼热情、促进居民长期坚持体育锻炼具有明显的积极作用。激发居民体育消费潜力，扩大居民体育消费需求，引导居民健康消费观，必须塑造体育消费文化。把体育运动变成民众终身受益的习惯，形成爱运动、爱健康的积极向上的运动文化氛围。长期的、习惯性的体育锻炼会产生较强的辖射效应，不仅会有效促进体育健身消费、体育教育培训消费的发展，而且对与观赏与喜爱的体育运动相关的

体育赛事消费也具有较强的带动作用。要做好体育文化宣传工作,使广大消费者树立科学消费观念,改变不利于身心健康和全面发展的消费行为、消费方式和消费习惯,妥善利用互联网、电视、广播等平台,为居民营造出浓厚的体育消费氛围,培养广大人民群众的体育消费意识。引导健身消费的新理念是体育消费升级在供需两端观念和思维层面首先要解决的问题。要提高体育消费者的消费观念和消费意识,体育消费者要逐渐树立全民健身的观念,认识到体育对身体健康和心理健康的重要性,倡导健康消费理念,将"体育能够使得生活更加美好"当作主要的宣传教育内容,广泛宣传科学健身知识和方法,倡导健康的生活方式,改变固有的对体育的"偏见",加强体育类电影、综艺等创作和传播,普及日常体育锻炼、健康知识,发挥体育明星的示范作用,为广大居民全面宣传有关的体育科学生活方式、文明生活方式与健康生活方式,使人们树立正确的体育消费观念,参与到各项体育活动中,主动投身到体育消费中来。增强全民的健身意识,引领体育消费趋势。

(二)夯实体育技能储备

体育消费需要一定运动技能储备,尤其是参与型、观赏型体育消费需要必要的运动技能储备作为支撑。促进体育消费,加强国家体育科普基地建设,深入推进社区运动健康中心试点工作。加快建立运动水平等级评定标准,推广运动水平等级标准和业余赛事等级标准,发挥体育明星的示范效应,组织开展冠军进校园、进社区活动。继续支持有条件的国家队将运动员训练场景向公众传播,不断激发人民群众参与体育运动的热情。鼓励各级体育行业协会、体育俱乐部开展科学健身讲座、科学健身指导、科学健身知识竞赛等活动,依托各地国民体质监测中心,发挥社会体育指导员作用,广泛宣传《科学健身指南》,大力推行《国家体育锻炼标准》,推动群众掌握基本体育技能。提高体育消费者的消费知识水平并增强其体育技能,培养消费者的体育消费需要,合理确定自身的体育消费类型和运动强度。

积极推广普及性广、关注度高、市场空间大的运动项目，引导和支持社会力量开发适合不同人群的体育技能培训课程，充分借助互联网、大数据等手段，提供形式多样、更有针对性的运动处方和健身指导。加强学校体育教育，注重体教融合，使其养成终身体育健身的良好习惯。引导广大青少年积极参与全民健身活动，广泛开展各级学校体育联赛，大力发展体育培训市场，积极推广基本体育技能，开发特色培训项目，让每名学生熟练掌握至少1～2项终生受益的运动技能，并养成体育学习习惯。落实全民健身行动计划，实施"全面健身入户工程"，以社区为单位健全全民健身"六边"工程，支持机关、团体、企事业单位和其他组织将职工健身列入工作计划，促进居民养成长期稳定的运动习惯，激发居民对体育用品、体育健身、体育旅游、体育观赛等的消费热情，增强消费黏性，有效地提升体育消费群体规模。

（三）驱动消费转型升级

居民体育消费需求多元化、个性化趋势明显，不同消费群体、不同消费预期、不同消费理念、不同消费能力居民的体育消费需求差异显著。要全面把握当前居民体育消费的多元化、多样化、个性化、复杂化、动态化特征，既要顺应居民消费升级的趋势，也要顺应消费分层分化趋势，以更多样化的新业态新模式促进新型消费。顺应居民消费转型升级的趋势，把驱动居民体育消费升级作为主攻方向，扩大新兴时尚体育消费、稳定传统消费、挖掘潜在消费，激发体育消费新热点，培育体育消费需求新动力。要对体育消费市场进行更为细化的分层，从而掌握和了解居民体育消费需求的动态变化规律。在细分体育市场的基础上，及时关注不同年龄的各类目标群体的体育消费的新变化和新特征，注重把握不同群体的体育消费特征以及不同收入阶层的消费倾向、消费能力，要出台鼓励措施区别对待。大力培育中高端消费群体，尤其是面向青少年的体育培训市场、中青年的健身娱乐市场、老年的康复养老市场、"全年龄群"的医养健康市场。针对低收入群体，要"使其能消费"，加大就业培训力度，提高低收入群体的就业能力和收入预期。针对中等收入群体，要“使其敢消费”，比如落实带薪休假制度，增加假期以让其有充分的时间去消费。针对高等收入群体，要“使其想消费”。

二、供给侧：丰富产品供给，提升供给质量和效率

消费提质升级是人民对美好生活需求的直接体现，也是供给侧结构性改革的动力和最终目的。深化体育产业供给侧结构性改革，丰富体育产品和服务供给，提高供给质量，是解决“消费什么”“敢于消费”问题的最有效举措，也是深度挖掘体育消费潜力的关键所在。要坚持以供给侧结构性改革为主线，积极顺应和把握消费升级大趋势，以提高体育产品和服务供给体系质量为主攻方向，创新和完善促进体育消费的体制机制，从体育产品及服务的增品种、提品质、创品牌方面，构建多元化体育产品和服务的供给体系。大力促进社会力量办体育，加强政府、社会和市场各个供给主体间的协作力度，以增加高品质体育产品和服务的供给，降低供给成本，提升有效性供给，达到以体育产品的供给数量和品种的扩张推动居民体育消费需求层次升级，以高品质、好品牌体育产品供给促进消费结构优化和满意度提升。建立起一个能不断适应市场需求的供给体系，形成产权有效激励、要素自由流动、价格反应灵活、竞争公平有序、企业优胜劣汰的经济增长新体制机制，实现供给侧与需求侧的良性循环和动态平衡。

（一）激发市场主体活力

体育市场主体是体育产品和服务供给的主力军，是体育产业发展的核心力量，也是促进体育消费市场提质扩容的关键。要建立良好的市场秩序，培育壮大市场主体。积极培育和壮大各类消费供给主体，通过深化简政放权、放管结合、优化服务改革，推进体育行业协会改革和事业单位分类改革，清除行政性垄断和区域壁垒，进一步向社会开放体育资源，广泛吸引社会资本进入体育领域。精简体育项目的审批手续和费用，剔除

企业生产过程中不必要的审批、等待等环节，完善相关中介机构服务，培育发展多形式、多层次的体育行业组织、体育俱乐部，充分壮大并激发体育市场主体活力。

鼓励社会资本组建职业俱乐部，做强职业俱乐部，推进体育赛事举办权、承办权、转播权的公开、公平、公正流转，提高市场运行效率。扶持中小微企业，引导中小微企业特色化发展、专业化运营、精细化管理，梯次培育更多体育产业细分领域“专精特新”“瞪羚”企业，引领带动各地加大市场主体培育力度。加快国有体育企业发展，重点培育一批有实力、有竞争力的民营企业，支持创业者发展体育产业，支持转型及双创企业发展体育产业。打通体育制造业进入生产性服务领域的通道，推动生产要素向体育制造业和服务业流动，提高体育制造业和服务业规模经济和生产率。壮大体育社会组织，提升体育社会组织的数量和质量、推动体育协会等社会组织实体化、社会化、专业化发展。

加强体育资源交易平台建设。创新市场运行机制，不断优化产业基础。着力发展具有国际竞争力的山东省体育产业集团，充分发挥山东省体育产业联合会在联合发展、互惠共赢中的作用。组织开展“体育产业网络大课堂”，为市场主体解读政策、提供服务，推动体育市场主体走“专精特新”发展道路，进一步提升体育企业经营管理水平，壮大企业实力，不断提升企业的竞争力、影响力。

（二）丰富体育产品供给

积极响应需求侧的变化，以满足人民群众日益增长的多元化、多层次体育消费需求为导向，深化体育产业供给侧改革，着力提高供给体系质量和效率，激发企业不断提升产品质量和培育品牌的内生动力，多渠道增加产品和服务有效供给。要以居民体育消费需求为导向，建立完善体育产品和服务体系，体育企业要找准定位，构建更加成熟的消费细分市场，提升体育产品和服务供给质量。要以消费者为核心，紧紧围绕居民消费升级需求，加强细分市场的研究，注重消费者的需求和反馈，根据需求有针对性地设计和开发多元化、个性化、生活化、智能化的体育消费产品，提高产品的质量和性能，满足消费者的多样化需求。加快新兴时尚和消费引领性运动项目发展，因地制宜地丰富体育赛事和活动项目供给，广泛发展多层次、多样化的体育赛事活动，增加赛事消费价值。完善售后服务体系，及时响应消费者的投诉，提升消费者的信任度和满意度。以产业升级引领消费升级，实现供给与需求的有效对接，解决好体育需求不足与需求外溢并存的问题。

1. 加大高质量赛事供给

丰富体育赛事活动供给对于完善体育产业链、加速体育产业发展具有关键作用。全面恢复线下体育赛事，统筹发展和安全，推动赛事提挡升级，支持各地因地制宜地举办具有较高知名度的国内外体育赛事，广泛发展多层次、多样化的体育赛事活动，增加赛事消费价值。进一步完善赛事体系，大力发展职业赛事，不断提升足球、篮球、排球、乒乓球、羽毛球、自行车等职业赛事质量。加大冰雪、登山、帆船、马拉松等优质体育赛事供给，鼓励社会力量举办自主品牌体育赛事，不断提高赛事组织管理水平，提升观赛参赛体验。进一步优化赛事服务，公布全国单项体育赛事目录，公布办赛指南、参赛指引。吸引社会力量广泛参与举办各类体育赛事，积极举办消费季、消费月、消费周等活动，营造浓厚的消费氛围。以体育赛事，尤其是重大体育赛事为契机，组织开展体育消费促进活动。在策划、组织和举办各类体育赛事、群众健身活动过程中，要把引导和促进体育消费作为重要出发点，切实发挥赛事活动在体育消费中的带动作用。

2. 丰富群众健身活动

适应人民群众不断增长的健身需求，引导推动各地开展社区运动会，扩大覆盖范围，提升服务水平。加快新兴时尚和消费引领性运动项目发展，注重大众和传统运动传统项目普及和巩固。组织开展全民健身日、农民丰收节、九九重阳老年人体育健身等全国性全民健身主题示范活动，不断提升群众参与度和满意度。继续开展全民健身线上运动会等线上群众体育活动，吸引群众广泛参与。通过推荐群众“三大球”精品赛事案例，举办全国和美乡村篮球大赛、黄河流域九省(区)农民篮球邀请赛、全国县域足球赛事活动等,鼓励和引导各地因地制宜,推动“村 BA”“村超”“村排”等群众身边的“三大球”赛事活动广泛安全开展,促进体育与文化、旅游融合发展,赋能乡村振兴,释放消费潜力。

(三)拓展“体育＋”产业版图

进一步加大体育产业与其他热点产业的交叉融合,培育内容丰富、价值多元、功能多样的体育消费产品,延伸体育消费产业链。要积极实施“体育＋”工程,以运动项目产业为核心,以体育综合体为抓手,以市场为主体,以“体育＋”和“＋体育”为路径,加强新型消费服务设施建设,并以产业链深入融合为纽带,支持和引导产业集聚发展,促进体育产业与文化、旅游、康养、教育、互联网等产业深度融合,拓展体育产业增长空间,打造体育消费新业态,进而形成各类新型消费。

积极培育冰雪运动、山地户外运动、水上运动、航空运动、汽车摩托车运动、电竞运动等有关体育消费新业态。支持社会力量举办各级各类赛事活动,打造一批有影响力、高质量的品牌赛事,丰富节假日体育赛事供给,将更多赛事向二、三线城市拓展,满足群众的参赛、观赛需求,发挥其作为体育消费龙头的带动作用。加大个性化、多样化的新型消费供给力度,满足新型消费供给需求。持续推动体育用品消费,加强科技创新引领,大力发展智能体育装备,提升产品科技含量和个性化设计水平,结合可穿戴式设备、虚拟现实技术、物联网管理平台等,研发多样化、智能化的体育产品,提升科学健身智慧化水平。

(四)提高体育产品供给质量

质量是产品和服务的生命,是实现体育消费升级的关键。居民体育消费偏好正逐渐从“有没有”转向“好不好”,体育市场的供需矛盾也从数量和规模的矛盾转向质量和结构的矛盾,这也导致了体育消费需求外溢和低端体育产品产能过剩并存的问题。解决这一问题的关键是提高供给体系质量，形成消费引领和供给侧结构性改革相互促进的良性循环，其核心是创新，通过创新提升体育产品及服务供给的质量。

1. 重塑“工匠精神”，扎实提高产品质量

党的十九大报告提出，“我国已经由高速增长阶段转向高质量发展阶段”，解决发展不平衡不充分的矛盾，必须要依靠高质量的发展。党的二十大报告更是将“高质量发展列为全面建设社会主义现代化国家的首要任务”。要坚持以推动高质量发展为主题，把实施扩大内需战略同深化供给侧结构性改革有机结合起来，鼓励企业追求品质、追求机制、追求创新的工匠精神。

提升体育产品和服务的内涵和品质，推进体育用品制造业发展战略从数量扩张型向质量提升型转变，精益求精的“工匠精神”正是高质量“中国制造”的文化基础，精益求精的“工匠精神”强调了对产品品质提升永不满足的精神追求。积极营造全社会重视产品质量、服务质量的良好氛围，鼓励企业将产品和服务质量作为立业之本，强化质量责任意识。加强自主品牌建设和创新能力，鼓励企业掌握知识产权，加大技术开发投入，提高我国体育产品和服务的质量。引导企业要追求、发挥“工匠精神”，狠抓产品质量，加快产业转型升级，精致生产，提高生产的标准性、安全性、可靠性、智能性、精细性，以优质、诚信、高效的生产方式，提升产品质量，着力推进体育企业创新发展，提供更高品质的体育产品和服务。

2. 由做产品向做标准转变，提升国际市场的话语权

随着经济全球化进程的加快，国际贸易往来日益密切和便捷，党中央多次提到“积极参与全球经济治理、积极承担国际责任和义务”，“提高在全球经济治理中的制度话语权”，显示了党中央对我国在全球经济治理中的责任担当以及信心和决心。应高度重视体育标准体系的建立和完善，加强标准体系和检验检测机构建设，积极主动参与国际规则制定。提高国内体育产品和服务的质量标准，积极引导企业由做产品向做标准转变，支持企业参与构建全球性标准研发，积极开展国际对标，鼓励企业主导和参与国际标准的制定、修订工作。

强化标准引领，鼓励行业协会、龙头企业、高等院校、科研机构等联合制定团体标准、行业标准和国家标准。强力实施高要求的国内标准，通过标准引领，规范行业发展秩序。鼓励具备条件的体育企业从“做产品”向“做标准”转变，积极推动国家产业标准上升为国际标准，提升全省产业发展的国际竞争力，提升在国际市场中的话语权。优化体育产品和服务的标准体系，打造一批标杆示范项目，通过标准和标杆来引领发展，倒逼企业升级，达不到标准的企业强制退出，集中优势资源，吸引国内消费者。制定体育产品“领跑者”“驰名商标”制度，定期遴选并发布一批体育产品“领跑者”“驰名商标”产品目录，培育建设一批拥有较高知名度和美誉度的体育品牌。

三、供需协同：激活体育市场活力

（一）体育场馆：夯实体育消费基础

体育场地设施是开展各类体育活动最基本的物质保障，是实施健康中国、体育强国等国家战略的重要载体，是发展体育产业、拓展体育消费空间的重要基础和保障，对推动体育事业和体育产业的发展都发挥着举足轻重的重要作用。针对目前体育场地设施存在的绝对数量不足却又相对闲置浪费等问题，从增量崛起、存量优化和功能改造三个环节入手进行破解，大力推动和优化能够有效促进体育锻炼普及的体育场地设施、体育场馆设施建设工作。

1. 扩大增量，多渠道增加体育场馆设施的供给

深化“放管服”改革，多渠道增加体育运动场地。因地制宜建设体育场地设施，鼓励地方政府盘活存量资源，改造旧厂房、仓库、老旧商业设施，建设群众身边的体育健身场所。支持企事业单位在现有用地的基础上，将空闲的厂房、学校、社区用房进行改建和利用，兴建、改造体育设施，拓展体育场地设施建设空间，提高体育场地增量。

2. 盘活存量，强化体育场馆的社会化服务

深化场馆运营管理改革的要求，鼓励各地推进公共体育场馆“改造功能、改革机制”工程。坚持规划先行，不断更新、完善体育基础设施，健全体育场馆公益性开放财政补贴的政策措施，建立财政补贴的统一管理体系，制定财政补贴监督管理的规范程序，提高体育场馆的开放效率和服务水平，扩大体育场馆服务范围，提升体育休闲项目的综合承载能力。各类场馆运营主体要主动对接居民的体育健身需求，扩大体育场馆的社会化、市场化服务范围，提高体育场地设施的使用效率，满足消费者的体育需求。

提高现有体育场馆的智慧化、信息化、场景化的服务水平，解决用户需求和场地供给信息不对称的问题，优化体育场地存量，提高场馆的利用率。实现学校体育场地的社会化服务，在满足学校体育活动的前提下，通过项目补贴、购置保险等方式，扩大大中小学体育场地设施的社会化服务，有效对接居民体育参与的实际需求，满足各类运动项目爱好者的消费需求，努力打造百姓身边的健身组织和“15 分钟健身圈”。

3. 功能改造，拓展丰富体育场馆功能

顺应消费者场景化、智慧化和家庭成员集体健身的需求趋势，加强体育综合体建设，丰富体育场馆的功能。鼓励各地政府和企业充分利用现有体育场馆设施和城市空间以及其他具备条件的设施，对现有场馆进行改造，建设多业态融合、多功能汇集的体育服务综合体。坚持适应群众消费新需求，突出体育健身和赛事活动参与等服务主体内容，积极拓宽和丰富体育场馆的服务内容和服务范围，提升智慧化、场景化服务水平，创新服务方式，优化消费环境，提高体育场馆的运营服务能力。

4. 营造场景，创新体育消费业态和模式

新科技、新技术广泛应用于体育运动中，具备健康状况日常监测、锻炼效果评价与指导等功能的体育器材和装备受到市场广泛欢迎，虚拟运动、智能赛事、在线健身等新型消费也已成为体育消费的重要内容。综合利用互联网、大数据和人工智能技术，通过线上体育用品销售、线上运动

会、线上健康大讲堂、在线健身、在线体育产品创作、体育数字藏品销售等，丰富体育消费场景，创新体育消费业态和模式，激发居民体育消费热情，助力居民体育消费提质、扩容、增效。

坚持以体育本体产业为主，创新场馆运营的商业模式，突破传统服务模式，积极拓展体育与健康、旅游、文化、会展等融合发展的新兴业态，将体育元素融入百姓生活的各个方面，形成多业态融合、多功能聚合的体育服务综合体和体育产业集群，为消费者提供更为丰富的感官体验，满足消费者更多样化的消费需求。激发体育场馆的服务活力，使体育场馆不仅能够成为举办赛事的绝佳场所，而且成为老百姓日常休闲体育活动的好去处。通过功能改造，推动场馆多元化商业经营，改变场馆单一业态的运营模式，形成多角度的全产业链服务，扩大体育消费的辐射能力。

（二）经济政策：形成政策合力

政府对体育消费的正确引导、支持及监督是提高体育消费质量的重要保障，是激发体育消费活力的重要手段。紧扣新时代国家发展的全民健身、体育产业、健康中国、体育强国等国家战略，更加有效且具针对性地设计与制定关于提升体育消费的政策。此外，同时顾及供给需求与第三方政策工具制定着力点，促使体育消费政策精准发力。

1. 健全体育消费政策

政策引导是激发体育消费活力的重要手段。习近平总书记强调："随着我国收入水平提高和消费结构变化，供给体系进行一些调整是必然的，但我国有 13 亿多人，总体消费水平还不高、余地还很大。我们必须采取正确的消费政策，释放消费潜力，使消费继续在推动经济发展中发挥基础作用。"[①]山东省人口总数已超过 1 亿，要建立扩大消费长效机制，注重体育消费政策顶层设计与具体措施、中央与地方、体育部门与相关部门的有效衔接，构建切实有效的日常沟通与政策呼应机制，顶层政策制定过程中

① 中共中央文献研究室编：《习近平关于全面建成小康社会论述摘编》，中央文献出版社 2016 版，第 24 页。

要加强基层交流，重视政策可执行性分析和政策试点效果分析，要联合相关部门做好政策监督评价体系，拓展政策执行反馈渠道，完善各部门联席工作机制。坚持体育消费政策协同创新方向，借助政策的支持力量，对体育消费手段及工具进行创新，促进相关产业融合，采取灵活多样的市场化手段促进体育消费，有效发挥体育消费政策协同效应。尽快修订体育彩票公益金资助开展全民健身赛事和活动的有关办法，研究制定向社会力量购买全民健身赛事活动服务的办法，举办体育消费季、消费月和体育消费体验等活动，推动公共体育场馆延长开放时间，充分发挥市场决定性作用和政府服务作用。

2. 促进体育消费试点县市区建设

实施体育消费示范城市培育行动，除大力建设国家级体育消费试点城市外，开展省级体育消费试点县市区、体育消费示范县市区建设，在全省范围遴选一批区县一级的消费试点及示范城市，充分发挥部分地区创新性促进体育消费的示范引领作用。利用政府投入、规划引导等手段，加快建设一批具有较强消费力、集聚力和辐射力的智慧商圈，提升消费者购物体验和消费品质。鼓励各县市区以体育产业规划制定、城市体育用地供给、社区体育设施配套、经常参加体育锻炼人数等为条件，确定一批省级体育消费试点城市，激发体育消费巨大潜能。

3. 优化体育消费环境

优越、舒适的体育消费环境是消费者进行高质量消费的必要条件，也是提速涵养体育消费能力的重要推手。体育消费可持续发展的重要条件，是维护公平有序的体育市场秩序。构建全方位消费者权益保障体系，加强体育市场监管，营造线上线下公平竞争诚信经营环境，规范体育产品服务供给行为，依法查处各类侵害消费者权益的行为，维护消费者权益，构建舒心、放心、安心和省心的消费环境，提升消费者信心，提高居民体育消费意愿。体育管理部门要联同市场监管部门、法律部门等建立多部门联动的体育市场监管和治理体系，对体育消费产品和服务的质量、价格和销售行为等进行必要的监督与管理，突出规范体育市场秩序，加强体育消费权益保护，健全市场监管，填补质量认证和全程追踪程序中存在的管理空白。要优化消费环境，构建信息透明、监管有度、惩戒严明的消费市场监管体系，完善消费者维权与争端解决机制。实现"优者胜出、劣者淘汰"的市场选择机制，有效实现消费评价反馈和供应质量改进的良性互促。

要加强体育产品和服务标准制定，开展体育领域服务认证。加快体育消费领域标准化体系建设，发挥标准化对建设安全可信体育消费环境的支撑作用，以标准引领体育消费产品和服务质量不断提高，建立健康消费信心，引导和促进居民消费结构升级。

建立健全体育市场买卖两者之间的消费信用体系，有效保护体育消费市场的优良交易秩序。严格落实《体育市场黑名单管理办法》等相关管理制度，加大对侵权假冒、无证无照经营、虚假交易等体育市场违法违规经营行为的打击力度，完善体育市场主体和从业人员信用记录，将相关机构及人员的信用记录纳入全国信用信息共享平台，并将涉企信息通过国家企业信用信息公示系统，记于企业名下依法对外公示，规范体育市场秩序，营造良好的体育市场环境。这对长期制约体育消费发展的根本性问题做到"靶向给药"和精准破解，筑牢山东省体育消费根基，赋予山东省体育产业高质量发展的持续动力。

（三）资金要素：要健全体育资本市场

面对消费需求升级倒逼扩大有效供给的新形势，积极推进金融体制改革，开辟融资渠道，提高金融的供给效率。加大体育产业的国家财政预算资金投入幅度，同时调整体育事业和体育产业资金投入的结构均衡性，为促进体育锻炼、体育消费和稳定体育消费奠定坚实后盾。鼓励更多地市设立体育产业发展基金和扶持资金，发挥扶持资金"四两拨千斤"的作用，撬动更多民间资本进入体育产业。利用区块链技术建立中小企业的征信体系，丰富企业融资担保物，允许体育企业以商标、技术、科研成果等无形资产作为抵押，获得信贷资金。把金融资源向中小微企业释放，降低中小微企业的融资成本，激发民间资本在体育领域中的投资活力，使资金这一核心要素有效发挥动员、组合、集聚其他要素的重要作用。

(四)人力资源:提供人才保障

人力资源是实现体育产业高质量发展的第一资源,也是生产力中最活跃的因素,是经济发展的根本源泉。任何经济实体发展最终要归结到"人"这个要素,没有劳动力资源的持续供给,无论是消费还是投资,在长期看来都是无源之水、无本之木。促进体育消费应着眼于提高体育产业的劳动参与率,扩大体育产业从业人员规模、提高就业人口的综合素质是促进经济转型、优化体育产业供给结构、改善供给质量、促进体育产业高质量发展的基本举措。解决体育产业人才"供需错位"矛盾,需要增加人力资本存量、提高人力资本质量,充实体育产业发展的主力军,提升劳动力质量与结构,推进从业人员的结构性战略调整,使体育产业从业人员能够适应体育产业结构转型升级的需求,需要做好以下三方面工作。

1. 提高体育产业劳动力参与率,改善劳动力结构

加大对新型体育消费产业人才的重视和扶持,制定和完善相关的人才引进和培育政策及配套措施,为新型体育消费产业人才队伍建设提供良好的外部环境,促进新型体育消费产业人才队伍的规模化和专业化。企业方面,重点引进和培育专业人才、工业设计人才和跨界人才。完善以市场为导向的薪酬体系,提高体育从业者的劳动报酬,使劳动报酬能够真实反映劳动价值,解除对体育劳动力的供给抑制,吸引更多就业人口从事体育产业。要注重提高劳动力市场的灵活性,全面强化就业优先政策,突出支持做好高校毕业生、退役运动员等人群的就业工作。针对体育产业不同业态需要的从业人员所需要具备的素质和能力,积极开展行业技能培训,全面提升劳动力的行业技能,使更多劳动者能够胜任体育产业活动的生产经营,拓宽普通劳动力在体育产业领域中的就业面。

2. 实施体育人力资本战略,提高劳动力素质

人力资本由健康设施和服务、正规教育、在职教育和培训、个人和家庭移民等途径形成。体育产业人才供给路径上,全面实施以素质教育和

提升创新能力为核心的人力资本战略，建立健全发现人才、挖掘人才、培养人才和使用人才的全方位强化措施，提升体育产业从业人员的专业素养，将“人口红利”转变为“人才红利”，实现体育产业劳动力要素供给质量的升级。加大人力资本投入力度，培养更多优秀企业家、创新人才，提高劳动者素质。人才供给规模快速扩大，不断服务体育产业发展。建立健全服务体育产业专业人才培养、评价、激励机制，鼓励高校扩大体育相关专业招生规模，尤其是综合性、财经类院校开设体育产业相关专业，在科学健身指导和体育赛事组织策划、体育教育培训等领域着力培养一批具备高技能的经营管理人才，造就一批高素质的行业从业者。开设体育专业的院校，优化招生规模，扩大招生规模。鼓励有条件的高校和企业联合培养体育产业发展需要的人才，采取定向培养等方式，探索现代学徒制、完善“产学研”相结合的协同育人模式，提高人才培养的针对性和适用性，提高体育产业从业人员的专业素养和实践能力。完善体育人才的继续教育体系，广泛开展体育产业从业人员的继续教育培训，更新从业人员的知识。加强对体育人才和退役运动员的培养和扶持，对专业开设、教学内容、课程设置等方面进行创新与改革，向社会开放体育领域的优质资源，保障体育专业人才供给、满足体育产业发展对体育专业人才的需求。设立体育职业技能提升行动专账资金，提升就业技能水平。通过专业教育、继续培训等方式培养出具有更多知识与能力的人，加快培育重点行业、重要领域的产业人才，重点培养一批具有创新思维的高水平、高素质、跨学科的体育应用型人才，提高劳动力供给的质量和效率，通过灵活有效的劳动力市场提高潜在增长率，助推体育产业供给结构的转型升级。

3. 实施重点人才工程

高层次人才是重要生产力，要鼓励培养和引进人才。在国家各部委、各省市的人才项目中，应增列体育领域人才类别，充分肯定体育领域高层次人才的突出贡献。这样才能吸引更多的高层次人才从事体育，产生人力资本的知识收入效应，让这些高素质人才发挥更高的生产力，从而带动体育产业高质量发展。

(五)数字经济:发挥数据关键性生产要素作用

数据作为新兴的关键性生产要素,在产业发展中正发挥着越来越重要的作用。习近平总书记指出:"要运用大数据提升国家治理现代化水平。要建立健全大数据辅助科学决策和社会治理的机制。"①提高全社会的体育数字素养,大力发展数字体育经济,让全社会分享数字体育经济红利。建立统一开发的体育信息数据共享平台、体育产业产权交易平台、体育健身参与爱好者的健康数据平台,加快体育数字基础设施建设,培育数据要素市场。

1. 建立体育信息数据共享平台

体育部门应联合统计部门统一对体育产业统计数据的认识,扩大国民经济和社会发展统计公报统计数据,将体育相关指标纳入国家统计体系,探索与互联网平台企业的合作,形成及时有效的体育消费信息发布与反馈机制,推动共享体育数据,加强对体育消费发展特征和趋势的分析研判,为政策科学高效地制定和执行提供依据。

加快体育公共服务数字化转型,为科学制定体育产业政策,提升体育产业治理能力和水平,提供实时支撑。在《国家国民经济和社会发展统计公报》中,在现有的产业分类规模、增加值等宏观数据的基础上,增加体育产业和群众体育开展的数据统计类别,增加国民体育参与情况、居民体育消费动态监测、国民体质健康数据监测、体育产业专项统计等关键数据。逐步健全劳动力、体育投融资、体育场馆运营、体育技术研发等生产要素市场的数据收集与发布工作,促进体育产业生产要素市场供需双方的有效匹配。

2. 建立体育参与者的健康数据平台

建立体育健身参与爱好者的健康信息数据平台,以物联网、大数据、云计算技术为依托,利用大数据、全球定位系统、云计算、传感技术等,开

① 中国政府网:《习近平主持中共中央政治局第二次集体学习并讲话》,https://www.gov.cn/xin wen/2017-12/09/content-5245520.htm。

展科学健身服务关键核心技术的集成创新，采取在线服务模式，面向慢病及健身爱好者、亚健康人群建立健康档案，对居民体育活动过程进行科学指导、实时监控，科学评价健身效果，及时查询健康状况，调整健身活动方案，提升科学健身的质量和效率。解决当前居民科学健身服务供给能力不足与社会需求蓬勃发展的矛盾，建立突出政府、社会与市场三方资源的有机融合，充分体现当前全民健身作为国家战略，探索能够长期为居民提供科学健身个性化指导服务的组织体系和管理机制。

3. 提高体育消费信息数据的动态监测能力

在数字经济、共享经济趋势下，建立健全体育消费监测机制，研制体育消费统计分类办法，统一体育消费数据采集指标，着力构建山东省体育消费大数据服务平台，打造基于体育消费数据的动态监测服务体系。将体育消费统计信息纳入体育市场跟踪监测范围，及时将有效的体育消费信息进行分析，综合利用体育消费数据，发挥数据的关键性生产要素作用，从而形成供需良性互动的反馈机制。

完善体育消费调查制度，充分发挥体育消费试点城市先行先试的示范效应，鼓励各地在国家体育消费试点城市居民体育消费调查基础上，尽快建立体育消费动态监测体系，开展本地区体育消费调查工作，对居民体育消费市场进行动态监测，加强对体育消费数据的监控，以各级行政区域为单位，针对本行政区域的体育消费大数据进行汇总。构建全国体育消费数据网络，及时掌握体育消费的整体规模和体育消费结构变化等基本数据，加强对体育消费发展特征和趋势的分析研判，准确把控体育消费市场动态，促进数据价值释放，为加强体育市场监控与制定相关体育消费政策奠定数据基础，为进一步促进体育消费提供决策依据。为体育市场供给主体提供监测和分析服务，实现精准供给，促进体育消费的提质扩容。

4. 探索“云”体育消费模式

主动适应经济发展变化趋势和需求升级的要求，调整供给结构和供给方式，通过创新商业模式，更好地满足居民现实的体育消费需求并激活潜在需求。实施“互联网＋体育”行动计划，建立优质赛事视频库和运动技能动作解析视频库，举办智能体育大赛，满足消费者在线点播观看赛事、线上参加赛事和健身技能学习的需求，以创新供给方式催动体育消费。鼓励和支持体育企业积极应用 VR、AR 等新技术，推进生产服务和销售方式创新，不断探索培育新业态、新模式，促进体育消费提质升级。加快构建“智能＋”“互联网＋”消费生态体系，提升流通信息化程度，强化流通领域的技术创新，进一步推进云计算、大数据、物联网、移动互联网、人工智能等信息通信技术在流通领域的应用，提高行业现代化水平和产业竞争力。鼓励建设“智慧商店”“智慧街区”“智慧商圈”，促进线上线下互动协同。鼓励有条件的城市和企业建设一批线上线下融合的新消费体验馆，促进消费新业态、新模式、新场景的普及应用。推动实体体育零售企业发展线上业务，创新供应链管理模式，推动个性化、定制化、柔性化生产，实现线上线下融合销售，促进健身器材、可穿戴设备等产品的销售。依托互联网开放平台数据基础设施和庞大的黏性消费资源，逐步实现数字化布局，培养多元化的新型消费方式，如移动购物、自助结账、电视场景关联购物等，不断提高服务质量和消费效率，满足消费者“随时、随地、随身”消费偏好，以此优化消费体验，拓展体育消费者的消费空间。

附　录

一、2022年度山东省城乡居民体育消费调查问卷

2022年度山东省城乡居民体育消费调查问卷

您好！

为提供更好的体育产品和服务，我们正进行居民体育消费调查，需要询问您在体育消费方面的一些问题。我们将严守国家《统计法》规定，对您提供的信息仅作决策支持使用，并严格保守您个人的隐私。谢谢您的配合与支持！

主问卷：居民体育消费情况调查

Q1. 在过去一年里您个人是否有体育及相关消费？

(1)是　(2)否(跳转G1)

Q2. 过去一年您个人主要参与的运动项目有哪些(可多选)

(1)羽毛球　(2)足球　(3)篮球　(4)网球　(5)游泳　(6)乒乓球　(7)瑜伽　(8)轮滑　(9)自行车　(10)滑冰　(11)滑雪　(12)跆拳道　(13)空手道　(14)拳击　(15)围棋　(16)桥牌　(17)钓鱼　(18)帆船　(19)皮划艇　(20)街舞　(21)广场舞　(22)高尔夫球　(23)跑步、健步走　(24)登山　(25)攀岩　(26)电子竞技　(27)其他(请填写)________

Q3. 过去一年中您购买过的体育用品有哪些?(可多选)

(1)运动鞋 (2)运动服装、配饰 (3)健身器材、器械(跑步机、瑜伽垫等) (4)球类用品 (5)户外装备(帐篷、睡袋等) (6)运动护具(滑雪镜、护腕、护膝等) (7)垂钓用品 (8)骑行运动用品 (9)运动康复用品 (10)游泳用品 (11)智能设备(健身环、智能运动手表、手环等) (12)其他(请填写)________

Q4. 过去一年您本人在体育用品方面的消费是多少?(单位:元)

记录:[| | | | |]元

①其中购买运动服装和鞋帽花了多少钱?

记录:[| | | | |]元

②其中购买运动健身设备、器材和相关用品花了多少钱?

记录:[| | | | |]元

③其中购买智能体育装备等花了多少钱?

记录:[| | | | |]元

④其中购买户外运动装备等花了多少钱?

记录:[| | | | |]元

Q5. 您主要通过何种渠道购买体育用品?(单选)

(1)实体店 (2)线上渠道

Q6. 您在购买体育用品时更看重的是______(可多选,最多选3项)

(1)质量 (2)实用性 (3)价格 (4)品牌 (5)款式 (6)评价 (7)购买渠道 (8)其他(请填写)________

Q7. 在过去的一年里,您本人在健身社团、健身俱乐部、健身会所等的会费方面一共花了多少钱?

记录:[| | | | |]元

Q8. 在过去的一年里,您本人在体育活动参赛费、报名费上花了多少钱?

记录:[| | | | |]元

Q9. 在过去的一年里,您本人在参加体育健身活动时场地和相关器材、用品的租赁上一共花了多少钱？

记录：[| | | | |]元

Q10. 在过去的一年里，您本人在体育保健与康复服务上花了多少钱？

记录：[| | | | |]元

Q11. 在过去的一年里，您本人在本市观看体育赛事的门票上一共花了多少钱？

记录：[| | | | |]元

Q12. 在过去的一年里，您本人在购买体育赛事（直播、录播）节目上花了多少钱？

记录：[| | | | |]元

Q13. 在过去的一年里，您本人在购买体育培训和教育服务上花了多少钱？

记录：[| | | | |]元

Q14. 在过去一年里您参加体育培训的项目主要是______（可多选）

(1)羽毛球　(2)足球　(3)篮球　(4)网球　(5)游泳　(6)潜水　(7)乒乓球　(8)瑜伽　(9)轮滑　(10)自行车　(11)滑冰　(12)滑雪　(13)跆拳道　(14)空手道　(15)拳击　(16)围棋　(17)桥牌　(18)帆船　(19)皮划艇　(20)体育舞蹈　(21)高尔夫球　(22)击剑　(23)其他（请填写）________

Q15. 您选报体育培训机构时最关注________（多选，可选 3 项）

(1)环境设施　(2)地理位置　(3)师资质量　(4)口碑评价　(5)时间安排　(6)服务态度　(7)价格高低　(8)安全性　(9)其他（请填写）______

Q16. 在过去的一年里，您到外地或国外观看比赛或参加体育运动而产生的交通费、住宿费、餐饮费以及由之而带动产生的比如购物、旅游、休闲娱乐等其他费用一共是多少钱？

记录：[| | | | |]元

Q17. 在过去的一年里，除以上方面外，您在其他与体育相关的消费上一共花了多少钱?

记录:[| | | | |]元

①其中在互联网健身 App 的消费上花了多少钱?

记录:[| | | | |]元

②其中在购买北京冬奥会、北京冬残奥会、卡塔尔世界杯足球赛等大型体育赛事纪念商品、体育文化创意和体育收藏品等方面花了多少钱?

记录:[| | | | |]元

③其中购买体育彩票花了多少钱?

记录:[| | | | |]元

④其中在其他体育消费上花了多少钱?

记录:[| | | | |]元

Q18. 未来一年,您愿意花费多少钱在体育消费方面?

(1)1000 元以下 (2)1000～3000 元 (3)3000～5000 元 (4)5000～1 万元 (5)1 万～2 万元 (6)2 万～5 万元 (7)5 万元以上

副问卷:社会人口属性调查

G1. 记录受访者性别:________

(1)男 (2)女

G2. 请问您的年龄是________

(1)6～12 岁 (2)13～22 岁 (3)23～34 岁 (4)35～60 岁 (5)60～70 岁

G3. 您的受教育程度是________

(1)高中及以下 (2)大学本科(含大专) (3)研究生及以上

G4. 您的职业是________

(1)政府机关在职人员 (2)事业单位在职人员 (3)企业在职人员 (4)在校学生(含大学、高职等在校生) (5)自由职业 (6)退休人员 (7)其他

G5. 您个人去年全年的总收入是________

(1)2 万元以下 (2)2 万～5 万元 (3)5 万～10 万元 (4)10 万～

15 万元　(5)15 万～20 万元　(6)20 万～30 万元　(7)30 万～50 万元
(8)50 万元以上

G6. 请问您目前居住在城市还是农村？________

(1)城市　　(2)农村

问卷到此结束，再次感谢您的参与！

调查员签名：________

二、体育消费发展指数评价指标体系设立的专家调查问卷

《体育消费发展指数评价指标体系》专家咨询评议表

尊敬的专家、学者：

您好！受山东省体育局委托，课题组正在开展《山东省体育消费发展指数评价指标体系》编制的课题研究。鉴于您在本领域的工作经验与杰出贡献，课题组诚挚邀请您参加此次评价指标体系的专家咨询。

课题组前期通过文献梳理、政策文件分析、专家意见征询等形成了初始评价指标库，之后多次召开内部课题会进一步优化了评价指标框架，初步构建了由体育产业发展基础、供给能力、消费活力、发展环境构成的 4 个一级指标和 24 个二级指标。现以此咨询各位专家，希望获得各位专家的不吝指导与宝贵意见，以便我们改善评价指标体系。

请您拨冗阅读后填写问卷。在填写过程中，如果有需要澄清的问题请随时与我们联系。如对课题研究还有其他建议，欢迎及时提出，课题组将认真改进。谢谢您的帮助与支持！

一、基本情况

1. 您的姓名：________________

2. 您的职称或职务：________________

3. 您的单位：________________

二、填写说明

(1)根据您的判断，请您对每项指标的重要性进行五级评价，并在相应的空格处打“√”。从左至右分别为“非常不重要”到“非常重要”，表示指标的重要性依次提升。

(2)如需对指标进行“增、减、改”，请您在相应位置填写需要修改的指标，并简单说明理由。

1. 一级指标

	非常不重要	不重要	一般	重要	非常重要
1. 产业基础	○	○	○	○	○
2. 消费活力	○	○	○	○	○
3. 供给能力	○	○	○	○	○
4. 发展环境	○	○	○	○	○

2. 如您对上表所列一级指标有更好的建议，请写在下面，衷心地欢迎您的指导。[填空题]

3. "二级指标 1. 产业基础"拟由以下 4 个指标组成[矩阵单选题] *

	非常不重要	不重要	一般	重要	非常重要
1.1 体育产业总规模(亿元)	○	○	○	○	○
1.2 体育产业增加值占 GDP 比重(%)	○	○	○	○	○
1.3 体育企业数量(家)	○	○	○	○	○
1.4 体育产业从业人员(人)	○	○	○	○	○

4. 如您对上表所列二级指标有更好的建议，请写在下面，衷心地欢迎您的指导。[填空题]

5. "二级指标 2. 消费活力"拟由以下 5 个二级指标所组成。[矩阵单选题] *

	非常不重要	不重要	一般	重要	非常重要
2.1 人均体育消费水平(元)	○	○	○	○	○
2.2 体育消费占消费支出比重(%)	○	○	○	○	○

续表

	非常不重要	不重要	一般	重要	非常重要
2.3 经常参加体育锻炼人口(%)	○	○	○	○	○
2.4 体育服务消费占体育消费比重(%)	○	○	○	○	○
2.5 体育消费规模增速(%)	○	○	○	○	○

6. 如您对上表所列二级指标有更好的建议,请写在下面,衷心地欢迎您的指导。[填空题]

7."二级指标 3. 供给能力"拟由以下 10 个二级指标所组成。[矩阵单选题]*

	非常不重要	不重要	一般	重要	非常重要
3.1 人均场地面积(m^2)	○	○	○	○	○
3.2 省级及以上体育赛事(次)	○	○	○	○	○
3.3 省级精品赛事(次)	○	○	○	○	○
3.4 体育消费试点县(个)	○	○	○	○	○
3.5 体育综合体(个)	○	○	○	○	○
3.6 体育旅游路线(条)	○	○	○	○	○
3.7 户外运动营地(个)	○	○	○	○	○
3.8 星级体育俱乐部(个)	○	○	○	○	○
3.9A 级体育技能培训机构	○	○	○	○	○
3.10 体育产业基地(个)	○	○	○	○	○

8. 如您对上表所列二级指标有更好的建议,请写在下面,衷心地欢迎您的指导。[填空题]

9."二级指标 4. 发展环境"拟由以下 5 个二级指标所组成。[矩阵单选题] *

	非常不重要	不重要	一般	重要	非常重要
4.1 体育产业发展规划(有/无)	○	○	○	○	○
4.2 促体育消费方案(有/无)	○	○	○	○	○
4.3 体育产业发展引导资金(万元)	○	○	○	○	○
4.4 体育消费代金券(万元)	○	○	○	○	○
4.5 体育消费监测机制(有/无)	○	○	○	○	○

10. 如您对上表所列二级指标有更好的建议,请写在下面,衷心地欢迎您的指导。[填空题]

再次感谢您的耐心填写与指导,谢谢!

三、体育消费发展指数评价指标体系权重调查表

《体育消费发展指数评价指标体系》权重调查表

您好！受山东省体育局委托，课题组正在开展《山东省体育消费发展指数评价指标体系》编制的课题研究。鉴于您在本领域的工作经验与杰出贡献，课题组诚挚邀请您参加此次评价指标体系的专家咨询。

课题组前期通过文献梳理、政策文件分析、专家意见征询等形成了评价指标库，评价指标共计4一级指标和24个二级指标。现采用学界较为成熟的层次分析法(AHP)进行权重赋权，通过各指标之间的两两比较确定重要程度。希望获得各位专家的不吝指导与宝贵意见，以期科学地确定各级评价指标权重。

谢谢您的帮助与支持！

一、基本情况

1. 您的姓名：______________________

2. 您的职称或职务：_______________

3. 您的单位：______________________

二、填写说明

指标	A	B	C	D
A	1	(A/B)	(A/C)	(A/D)
B		1	(B/C)	(B/D)
C			1	(C/D)
D				1

如上表所示，只填写括号部分即可，空白部分默认为倒数，无须重复填写。

1 表示两指标重要性相等；

3 表示横轴指标比纵轴指标稍重要；

5 表示横轴指标比纵轴指标明显重要；

7 表示横轴指标比纵轴指标强烈重要；

9 表示横轴指标比纵轴指标极端重要；

2,4,6,8 则表示上述各个判断的中间值。

三、指标体系

(一)请对下列一级指标重要性两两比较

指标	产业基础	消费活力	供给能力	消费环境
产业基础	1			
消费活力		1		
供给能力			1	
消费环境				1

(二)请对“产业基础”二级指标重要性两两比较

指标	体育产业总规模	增加值	体育企业数量	从业人员
体育产业总规模	1			
增加值		1		
体育企业数量			1	
从业人员				1

（三）请对“消费活力”二级指标重要性两两比较

指标	人均体育消费水平	占消费支出比重	经常参加体育锻炼人口	体育消费结构	体育消费规模
人均体育消费水平	1				
占消费支出比重		1			
经常参加体育锻炼人口			1		
体育消费结构				1	
体育消费规模					1

（四）请对“供给能力”二级指标重要性两两比较

指标	人均场地面积	体育赛事体系	精品赛事	体育消费试点县	体育综合体	旅游路线	户外营地	星级俱乐部	A级体育培训机构	体育产业基地
人均场地面积	1									
体育赛事体系		1								
精品赛事			1							
体育消费试点县				1						
体育综合体					1					
旅游路线						1				

续表

指标	人均场地面积	体育赛事体系	精品赛事	体育消费试点县	体育综合体	旅游路线	户外营地	星级俱乐部	A级体育培训机构	体育产业基地
户外营地							1			
星级俱乐部								1		
A级体育培训机构									1	
体育产业基地										1

（五）请对“消费环境”二级指标重要性两两比较

指标	发展规划	促消费方案	发展资金	消费代金券	消费监测机制
发展规划	1				
促消费方案		1			
发展资金			1		
消费代金券				1	
消费监测机制					1

再次感谢您的耐心填写与指导，谢谢！

参考文献

1. 习近平:《高举中国特色社会主义伟大旗帜 为全面建设社会主义现代化国家而团结奋斗——在中国共产党第二十次全国代表大会上的报告》,人民出版社 2022 年版。

2. 中共中央文献研究室编:《习近平关于全面建成小康社会论述摘编》,中央文献出版社 2016 年版。

3. 刘远祥、孙冰川:《2019 年度山东省城乡居民体育报告》,山东大学出版社 2021 年版。

4. 袁春梅:《中国足球发展指数研究》,南开大学出版社 2022 年版。

5. 张虎、肖磊:《中国服务业发展指数理论、方法与应用研究》,中国财政经济出版社 2019 年版。

6. 毛中根:《中国文化消费提升研究》,科学出版社 2018 年版。

7. 徐钟仁:《论体育消费》,《体育论坛》1989 年第 3 期。

8. 钟天朗:《我国体育消费发展趋势研究》,《成都体育学院学报》1990 年第 4 期。

9. 张翼:《当前中国社会各阶层的消费倾向——从生存性消费到发展性消费》,《社会学研究》2016 年第 4 期。

10. 石明明、江舟、周小焱:《消费升级还是消费降级》,《中国工业经济》2019 年第 7 期。

11. 林晓珊:《增长中的不平等:从消费升级到消费分层》,《浙江学刊》2017 年第 3 期。

12.马晓卫、任波、黄海燕:《互联网技术影响下体育消费发展的特征、趋势、问题与策略》,《体育学研究》2020 年第 2 期。

13. 孙侃然、柳舒扬、曾鑫峰:《新发展格局下体育消费如何影响城市经济发展——基于江苏省重点城市面板数据的实证分析》,《西安体育学院学报》2023 年第 2 期。

14. 黄海燕:《推动体育产业成为国民经济支柱性产业的战略思考》,《体育科学》2020 年第 12 期。

15. 张永韬、张莺凡:《体育产业高质量发展视域下促进我国体育消费升级研究》,《体育文化导刊》2021 年第 4 期。

16. 严鑫、周铭扬:《新经济下体育消费升级制约因素与实现路径》,《体育文化导刊》2021 年第 11 期。

17. 张蒙、吴际:《我国体育消费升级的现实基础、困境与路径》,《体育文化导刊》2022 年第 12 期。

18. 郝宏钟:《经济内循环背景下体育消费升级的路径选择》,《淮北师范大学学报(自然科学版)》2022 年第 6 期。

19. 吴迪、荣晨:《尽快打通影响居民消费增长的三大堵点》,《宏观经济管理》2022 年第 10 期。

20. 浦义俊、吴贻刚:《新时代我国体育消费升级的价值、挑战与推进路径研究》,《西安体育学院学报》2020 年第 2 期。

21. 黄亨奋、杨京钟、郑志强:《公共体育场馆体育消费与财税宏观激励的关联度研究》,《西安体育学院学报》2018 年第 3 期。

22. 赵胜国、王健:《新发展阶段激发体育消费潜力的逻辑理路与现实进路——基于供需动态平衡的分析框架》,《体育科学》2023 年第 4 期。

23. 李静、王兆红、郭恩恺:《体育消费升级背景下体育产业高质量发展提升路径》,《体育文化导刊》2022 年第 10 期。

24. 张梦霞、郭希璇、李雨花:《海外高端消费回流对中国数字化和智能化产业升级的作用机制研究》,《世界经济研究》2020 年第 1 期。

25. 袁小慧、范金、王凯等:《新一轮科技革命背景下居民消费升级对中国产业转型影响研究》,《新疆社会科学》2015 年第 6 期。

26. 孙久文等:《需求侧与供给侧结合的消费升级路径研究》,《中国人民大学学报》2022 年第 2 期。

27. 刘亦文、阳超:《城市让生活更美好——城镇化的有序推进与城乡居民消费升级》,《数理统计与管理》2023 年第 10 期。

28. 赵素芳、赵学军:《"双循环"下消费金融促进居民消费升级:机理、现状与路径》,《经济体制改革》2022 年第 4 期。

29. 刘扶民:《贯彻落实〈国务院办公厅关于促进全民健身和体育消费　推动体育产业高质量发展的意见〉推动体育产业成为国民经济支柱性产业》,《体育科学》2019 年第 10 期。

30. 陈新年:《顺应居民消费升级趋势　加快构建新发展格局》,《宏观经济管理》2021 年第 3 期。

31. 张俊英、罗琼、唐红涛:《消费提质发展的内涵界定、动力机制与实现途径》,《消费经济》2018 年第 6 期。

32. 薛军民、靳媚:《居民消费升级与经济高质量发展——基于中国省际面板数据的实证》,《商业经济研究》2019 年第 2 期。

33. Cui Huibin, Huang Yongqi and Pan Xingyu. "Upgraded Sports Consumption Behavior of College Students: Current Characteristics and Influencing Factors." *Humanities and Social Sciences*, 2022,10(3).

34. Adam Gemar. "Sport as Culture: Social Class, Styles of Cultural Consumption and Sports Participation in Canada." *International Review for the Sociology of Sport*, 2020, 55(2).

35. Ying W. L.. "Investigation and Analysis on Sports Consumption of Urban Residents of Henan Province." *Physics Procedia*, 2012, 33: 2020-2026.

36. Breuer C., Hallmann K. and Wicker, P. et al. "Socio-economic

Patterns of Sport Demand and Ageing." *Eur. Rev. Aging Phys.* 2010 (7): 61-70.

37. Lera-Lopez F. and Rapun-Garate M.. "The Demand for Sport: Sport Consumption and Participation Models." *Journal of Sport Management*, 2007, 21(1):103-122.

38.《体育总局关于印发〈"十四五"体育发展规划〉的通知》,https://www.sport.gov.cn/n315/n330/c23655706/content.html。

39.《2022年山东省国民经济和社会发展统计公报》,山东省人民政府网,http://www.shandong.gov.cn/art/2023/3/2/art_305196_10335931.html? eqid=aa6d98460004997e00000004645b093b。

40.《扩大内需战略规划纲要(2022～2035年)》,中国政府网,https://www.gov.cn/zhengce/2022-12/14/content_5732067.htm? eqid=b80775860000677a000000066476ef2b。